행동재무학자 알 선생이 들려주는 _____

선박금융 이야기

알 선생 (Alfred Kim, 김우석)

- 전라고
- 한국해양대학교 해사대학 해사수송과 학부 졸업
- SOAS, University of London, Diploma 졸업
- City, University of London, 선박금융 석사 졸업
- 서울디지털대학교 세무회계학과 수료
- SUMS, University of Sheffield, MBA 졸업
- 한국해양대학교 국제대학 해운경영학 박사 졸업

- 대한민국 해군
  - FF-951 울산함 사격통제관
  - 해군행정학교 본부 대장

- MV Global Discovery 이등 항해사
- ㈜삼탄 해운팀 사원
- 한국선박금융㈜ 영업2팀 Project Manager
- SH마린㈜ 재무기획 팀장
- SMBC 영업3팀 선박금융 담당
- 한국자산관리공사 해양투자금융처 팀장

들어가며

항해학을 전공한 알 선생은 런던의 명문 비즈니스 스쿨인 Bayes
Business School(Formerly Cass)을 졸업 후 선박금융업에 입문했다.
많은 시행착오와 투자 손실을 경험하면서 선박금융에 대한 내공을
쌓았다. 선박금융의 무서움을 알게 된 후 쉼 없이 공부에 매진하였
으며, 본인만의 확고한 선박금융 철학을 정립하여 현재까지 약 100
건 이상의 선박펀드를 조성하였다. 조성한 펀드는 단 한 건의 손실
이나 부실도 발생하지 않았다. 이 책은 그간 알 선생이 써 온 일기
를 바탕으로 집필했으며, 알 선생이 경험하고 깨우친 선박금융에
대한 노하우와 견해를 담은 책이다. 대한민국이 해운 강국과 선박
금융 선진국이 되기를 바라며 이 책을 세상에 내놓는다.

1 알 선생이 경험한 선박금융

2 행동재무학(Behavioural Finance)

3 행동재무학과 선박금융

4 Financial Modelling-Ship Finance

5 알 선생의 인생 이야기

1

**알 선생이 경험한
선박금융**

1. China Effect!!

  2000년대 초반, 중국의 급속한 경제발전 여파가 해운 시장에 폭풍을 몰고 오기 시작했다. 그 이전만 해도 중국은 원자재 수출국이었다. 하지만 이후 급속한 경제 성장으로 2000년대에 들어서면서 원자재를 대량 수입하는 국가가 되었고, 그에 따라 톤 마일Ton-mile이 폭증했다. 한국과 일본도 중국에서 수입하던 철광석과 석탄을 호주, 인도네시아, 브라질에서 수입해야 했다.

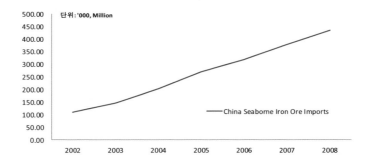

  톤 마일이 폭증함과 더불어 선박에 대한 수요도 폭증했다. 선복을 구하지 못한 화주들은 운임을 올려서라도 선복을 확보하려고 달려들었다. 그 여파로 해상운임은 폭등했고, 덩달아 선가도 폭등했다.

  급등한 운임과 선가 때문에 돈방석에 앉게 된 해운사 CEO들은 계좌에 쌓이는 달러로 선박을 추가 매입하거나 건조했다. 해운사 CEO들과 임원들이 '중국'을 입에 달고 살던 시기였다. 아닌 게 아니라 당시 중국은 경제 성장을 기반으로 내수 인프라에 대대적인 투자를 진행하고 있었다.

빌딩이 계속 들어섰고, 많은 도로를 확장하거나 새로 깔고 있었으며, 부족한 전기를 공급하고자 화력발전소들이 신설되었다.

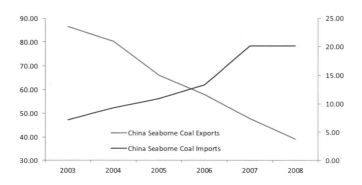

당연히 그 과정에서는 막대한 철광석과 석탄 등의 원자재들이 투입되어야 했다. 하지만 중국 자체적으로 원자재들을 모두 수급할 수 없었기에 수입에 의존해야 했다. 해운사 CEO들이 미래를 낙관했던 것도 그래서였다. 향후에도 중국 특수로 전 세계 물동량이 큰 폭으로 증가하면서 해운 호황은 십여 년 이상 지속할 것이며 선박 수요 역시 지속해서 증가할 것이라고 확신했다.

덧붙여 그들은 '새로운 패러다임'을 거듭 강조했다. 그간의 선가 및 해상운임에는 물가상승률이 전혀 반영되지 못해 왔는데, 이제야 적절히 반영된 것인 만큼 과거의 운임과 선가 데이터는 잊어야 한다고 주장했다.

나름 그럴 법한 주장이었다. 해운 및 선박금융 시장에서 '새로운 패러다임'이라는 말은 유행어가 되었고, 금융권에서도 새로운 패러다임 논리

를 당연하게 받아들이는 분위기였다. 치솟은 선박 용선료 덕분에 선박금
융 대출로 조달한 자금을 2~3년이면 모두 상환했을 정도로, 지금에 와서
보면 정말이지 말도 안 되는 호황기였다.

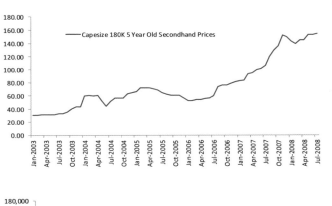

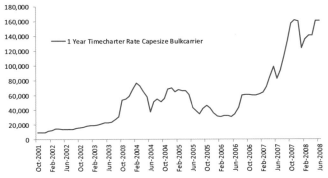

실제로 당시 대양상선, 장금상선, 창명해운, 세븐마운틴그룹, 선우상
선, 인터해운, TPC코리아, 대신해운, 킹스웨이해운, 브라이트해운 등은
해양대 출신 CEO들의 전성시대와 궤를 함께하며 '한국 해운의 떠오르는
10대 용龍'이라고 불렸다. 상선에서 병역특례를 끝내고 하선한 해양대 동

기들과 선후배님들이 아주 쉽게 육상 일자리를 찾을 수 있던 때였다.

선박 중개인Shipbroker으로 부자가 되신 분들도 많았다. 케이프사이즈 벌크선 한 척의 Daily Chartering Brokage만 해도 100만 원이 넘었고, 한 척의 S&P 수수료도 20억 이상이었다. 시장에는 부자 선박 브로커들이 넘쳐났다. 몇 달 만에 100억 원 이상을 벌어 은퇴하셨다는 선배들의 무용담은 많은 해양대 졸업생들을 선박 중개인의 길로 인도했다.

2000년대 중후반에 정점을 찍은 선박금융 시장도 최대 호황기를 맞았다. 국내 시중 은행들은 경쟁적으로 해운사에 선박금융을 지원했다. 심지어 선박금융을 잘 모르는 지방은행들까지 선박금융 시장에 뛰어들었다. 본점 선박금융 부서는 물론이고, 각 지점에서도 대규모로 선박금융을 지원했다. 증권사와 보험사 그리고 연기금 자금들도 선박금융 시장에 밀려들어 왔다. 선가의 90~100%까지도 손쉽게 선박금융을 지원받을 수 있던 시기였다.

시장의 호황과 맞물려 채터링 매니저, S&P, 선박금융 경력자들에 대한 스카우트 열풍도 뜨거웠다. 연봉 1억 원은 기본이었을 정도로 몸값도 금값이었다. 어떤 선사는 성과급으로 직원 한 명당 수천만 원씩 주었다는 둥, 어떤 선사는 직원들에게 BMW를 뽑아 주었다는 둥의 풍문이 계속해서 들렸다. 해운사마다 별도의 휴게공간과 카페를 만드는 게 유행이었고, 휴게실 냉장고 안에는 먹을 것과 고급 와인, 숙취해소 음료 등이 가득했으며, 중소 해운사 직원들은 서로 본인이 근무하는 회사의 복지가 최고라며 자랑하기 바빴다. 용선을 담당하고 있던 선배님이나 동기들을 만나면 요즘 점심은 5만 원 밑으로는 안 먹는다는 우스갯소리도 오갔다. 골프를 좋아하는 해운사 임직원들은 매주 골프장을 무료로 이용했다. 해운 인재들에 대한 업계의 인심이 차고 넘치던 시절이었다.

   알 선생도 그 시절 많은 호사를 누렸다. S&P Closing을 갈 때면 주로 5성급 호텔에서 묵었으며, 해운 업계 선후배님들로부터 비싸고 맛난 음식들을 자주 대접받았다. S&P 업무 덕분에 보스포루스 해협과 아야 소피아가 한눈에 보이는 5성급 호텔에도 묵어 봤고, 홍콩에서는 일박에 백만 원이 넘는 5성급 호텔에서 지내 보았다. 다니던 회사가 잘못되어 실업자가 되었을 때도 알 선생은 절망하지 않았다. 해대 선배님이신 JDJ 사장님께서는 밥 굶고 다니지 말라며 큰돈을 용돈으로 주셨고, 런던대학교 동기이신 KSR 형님께서는 기죽지 말라며 자주 불러 밥을 사 주셨고 금강산 여행도 보내 주셨다. 한 마디로 꿈같은 시절이었다. 선박금융 시장을 떠나기 전, 그런 호시절을 다시금 경험할 수 있을까.

2. The Collapse of Lehman Brothers

2008년 9월 15일 새벽, 리먼 브라더스사가 6,130억 달러의 부채를 감당하지 못해 법원에 파산보호(Chapter 11)를 신청했다. 그저 기업 하나가 부도를 낸 사건이 아니었다. 당시 리먼 브라더스는 골드만삭스, 모건스탠리, 메릴린치와 함께 IB 랭킹 4대 업체로 평가받고 있었다. 리먼 브라더스 사태는 미국 역사상 최대 규모의 기업 파산으로 기록되었고, 그 규모는 세계 20위권 경제국의 국내총생산GDP 규모와 맞먹었을 만큼 세계 경제에 큰 충격을 주었다.

알 선생도 그 충격을 체감했다. 당시 외국계 S 은행에 재직 중이었던 알 선생이 사무실 컴퓨터에서 본 내부 전산망은 온통 붉은색 지표로 가득했다. 모든 자금 집행과 진행 중인 모든 프로젝트를 중지하라는 경고 메시지가 화면에 표시되었다. 은행 거래처들로부터 온 전화도 폭주했다. 왜 약정된 자금을 집행하지 않느냐며 화를 내고 욕설을 퍼붓는 등의 소란이 계속되었다. 대형 외국계 은행 간의 자금 조달은 불가능했으며 그나마 겨우 가능했던 Over-night 금리마저 1,100bps 수준이었다. 직원들은 하루 종일 전화 응대로 녹초가 되었다.

이미 승인되었던 많은 신조 선박금융 대출금의 집행도 거부되었다. Pre-delivery 대출금은 이미 **집행되었으나**, Post-delivery 대출금은 집행이 **거부된 탓에** 선박 인도를 포기하는 해운사들이 속출했다. 조선소에서도 잔금을 받지 않은 채 이자를 받는 조건부로 선박을 해운사에 인도하는 경우가 많았다. 그 여파로 조선소까지 심각한 유동성 문제에 봉착했다.

국내 은행들은 한동안 달러를 조달하는 데 어려움을 겪었다. 은행마다 달랐지만 5년 만기 달러 조달금리가 L+650~900bps 수준에 이르렀다. 2000년대 중반 실행되었던 선박금융 금리가 대형 선사 기준 L+50bps, 중소 선사 기준 L+150bps 수준에 불과했던 만큼 당시 은행들은 매우 심각한 역마진 상황에 처하고 말았다. 그로 인해 일부 은행들은 대출 계약서에 명시된 조항을 근거로 기존에 집행된 선박금융에 대한 조기 상환 및 금리 인상을 요구하기 시작했다. 당연히 해운사들은 화를 내며 반발했다. 선박금융 계약서에 그런 조항들이 있었는지도 몰랐던 해운사 담당자들만 속이 타들어 갔다.

대체로 해운사 담당자들은 선박금융 계약서를 꼼꼼히 읽지 않는다. 영어로 된 계약서라서 읽기 쉽지 않은 데다가 해야 할 다른 업무도 많기 때

문이다. 특히 중소 해운사 CEO와 담당자들의 경우 간단한 조건과 금리 정도만 읽고서 계약서를 처박아 두기 일쑤였다. 중소 해운사들은 금융권에서 중요하게 여기는 TC 변경 등의 내용을 아주 가볍게 생각한다. 하지만 계약 업무와 관련해 두 업계 종사자들 사이에서 생각의 차이는 의외로 크다. 그렇기에 선박금융기관 담당자들은 해운사 담당자들에게 반드시 중요 조항 및 의무 이행 내용을 정확히 고지하고 주지시켜야 한다.

어쨌든 리먼 브라더스 사태 이후 운임과 선가는 폭락했고, BDI도 추락해 버렸다. 해운사 CEO와 임원들이 그렇게도 입에 달고 다녔던 패러다임의 변화 따위는 없었다. 해운사들은 줄줄이 법정관리를 신청했고, 은행들은 선박금융 부문에서 적게는 수천억 원에서 많게는 수조 원씩 손실을 봤다. 당시 1억 달러 이상 대출 잔액이 남았던 선박들의 시장 매매가가 3,000만 달러 수준까지 떨어져 버린 상황이었으니 당연한 귀결이었다.

부실 선박금융에 대한 뒤처리는 온전히 후임들의 몫이었다. 선박금융을 집행했던 은행 지점장들은 이미 퇴직을 한 상태였고, 리먼 브라더스 사태 이전 본사에서 선박금융을 집행했던 관련자들은 다른 곳으로 발령을 간 뒤였다. 운이 없는 새로운 은행원들은 그 자리를 대신해 부실 선박금융을 처리해야 했다. 당시 알 선생도 많은 지인의 하소연을 들었다. 전임자들에 대한 성토를 받아 주는 게 알 선생의 일상이었을 정도였다. 정말이지 무척 안타까웠다. 실적을 채워 승진한 사람은 따로 있었고, 그들이 저질러 놓은 부실을 해결하고자 극심한 스트레스를 감내해야 했던 사람들은 다른 이들이었으니 말이다.

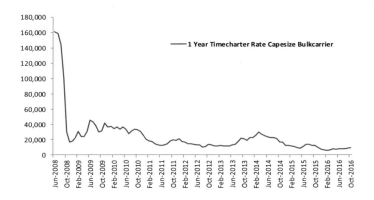

국내 중소 선사였던 P사도 2008년 1월 180K 케이프 선박 두 척을 현대 중공업에 발주했다. 척당 가격은 USD 110M이었고, 국내 N 은행이 선가의 80%를 L+150bps로 지원했다. 하지만 P사도 리먼 브라더스 사태 후 폭락한 선가와 운임 때문에 파산을 피할 수 없었다.

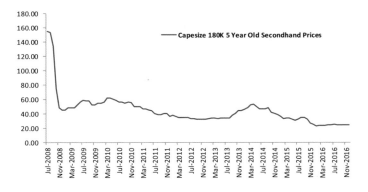

역사 속으로 사라진 중소 해운사 중 가장 아쉬웠던 해운사 중 한 곳은 T사였다. 2000년대 중반 T사는 자사가 소유하고 운영하던 선복 대비 엄청난 양의 장단기 화물을 보유하고 있던 독특한 해운사였다. 많은 화물을 확보하고 있었기에 알 선생이 보기에는 모든 해운사가 망한다 해도 T 사만큼은 문제가 없을 것 같았다.

실제로 당시 T사는 직원들에 대한 복지는 물론 CEO의 경영 철학도 훌륭하다고 정평이 나서 해운 업계 종사자들이 들어가고 싶어 했던 최고의 해운사이기도 했다. 그런 회사였던 만큼 알 선생도 T사에 자주 방문해 중고선 매입이나 신규 선박 건조 시 필요 자금을 맡겨 달라는 부탁을 드리곤 했다.

놀라웠던 것은 그때마다 T사 L 기획팀장님이 보여 준 혜안이었다. 팀장님은 시황이 머지않아 폭락할 것이니 그때 선박을 확보할 계획이라고 말씀하셨다. 그러면서 용선료가 너무 올라 높은 운임으로 확보한 화물에 역마진이 발생할 것에 대한 염려도 덧붙이셨다.

불행이었지만, 그랬던 T사 마저 결국 2007년부터 높은 선가로 선박들을 발주하기 시작했고 용선체인에 따른 손실까지 겹쳐 2009년 법정관리를 신청, 결국 파산하고 말았다. 정말 아쉬웠던 것은 2008년 T사 재무제표가 매우 양호했다는 사실이었다. 기다려 온 김에 선박 확보 및 용선 시기를 조금만 더 기다렸다면 좋았을 텐데, 마지막 한고비를 버티지 못했다.

돌이켜 보면 T사처럼 안타까운 사례도 있었지만, 그 시기는 오랜 기간 이어진 호황으로 관련 업계 모든 사람이 정말로 선가 및 운임 패러다임이 바뀌었다는 큰 착각을 했던 시기였다. Daily USD 8,000에 선박을 용선해 하루 500달러의 수익을 내려고 발버둥 치던 해운사들이 어느 순간 폭등한 시장에 익숙해져 버린 것이다. 아닌 게 아니라 행동재무학에 언급된 앵커링효과Anchoring Effect 때문에, 그 당시는 Daily USD 40,000 이상 되는 핸디사이즈 용선선을 6개월에서 3년 이상 대규모로 사용했던 때이기도 했다. 물론이지만 시황 폭락 후 결과는 호황의 폭만큼이나 참담했다. 잘나가던 해운사들은 줄줄이 무너졌고, 법정관리와 파산 신청이 줄을 이었다.

요즘 언론상에 모 해운사가 완전히 살아났다고 난리다. 알 선생이 보기엔 아직 갈 길이 멀었다고 생각한다. 원모심려遠謀深慮의 자세가 필요하다고 본다. 환경 규제와 대체 연료의 미래도 어떻게 변할지 매우 궁금하다. 암모니아일지 수소일지 아니면 또 다른 대체재가 나올지.

3.   리먼 사태 이후의 선박금융

리먼 브라더스 사태 이후 발생한 대규모 선박금융 부실로 시중 은행을 비롯해 운용사, 증권사 등의 선박금융 지원은 현재까지도 모두 막혀 있으며, 국내 선박금융 시장은 정책금융기관의 선박금융 지원만으로 운영되고 있다.

이전까지만 해도 역사상 최고의 호황기를 누리던 해운사들은 리먼 브라더스 사태를 변곡점으로 최악의 반전을 경험하게 된다. 신규 선박금융 확보는 언감생심, 이미 승인되었던 자금마저 집행이 중지되자 해운 기업들은 건조 계약 및 건조 중인 선박의 인도를 포기했다. 조선소는 건조된 선박을 헐값에 매각하거나 잔금도 수령하지 않은 채 이자만 받는 조건으로 선박을 우선 해운사에 넘겨주었다. 또한, 해외 선주들이 국내 조선소들에 발주했던 많은 신조 계약 건들도 취소되었다. 결국, 조선 업계도 심각한 유동성 문제에 직면하며 금융 원리금을 상환할 수 없게 되었다.

탐욕의 결과였다. 고가에 발주하거나 매입해 소유한 선박들과 엄청난 고가의 운임을 지불해야 하는 용선선들이 해운사를 파멸로 이끌었다. 시황이 폭락해 운임이 떨어지자 해운사들은 단기간에 어마어마한 손실을 봤고, 패닉과 공포가 해운사를 지배했다.

해운사 및 선박금융기관이 맞닥뜨려야 했던 가장 큰 문제는 Hull to Debt Ratio^{Vessel to Loan, VTL} Covenant 문제였다. 해당 조건을 충족시키기 위해서는 선가가 대출 잔액의 120% 이상이어야 했지만, 대부분의 선박 VTL은 이미 기준치를 넘어 큰 폭으로 하락해 버린 상황이었기 때문이다. 이에 하루하루를 겨우 버티던 해운사에 조기 상환이나 추가 담보를 요구하는 것은 실현 가능성 없는 가혹한 처사였다. 그나마 여력이 있는 일부 대형 해운사들 정도만이 외국계 은행의 거센 요구에 국내 보증보험사로부터 VTL 부족분에 대한 지급보증서를 발급받아 제출할 수 있었을 뿐이었다.

해운사의 원리금 상환이 불가능해지자 선박금융기관 담당자들도 하루하루 극심한 스트레스에 시달렸다. 그리고 그 스트레스를 견디던 금융기관 담당자들은 인사 시즌이 되자 곧바로 발령을 받아 다른 부서로 이동했다. 이와 관련, 금융기관의 VTL에 대한 Waiver 문제도 짚고 넘어가야 할 점이다. Waiver를 해 주는 순간 해당 선박금융의 부실 문제를 담당하는 부서는 초기 선박금융을 계획하고 집행했던 영업 부서에서 VTL Covenant를 Waiver해 준 관리 부서로 넘어가게 된다. 이 과정에서 영업 부서는 관리 부서에서 리스크 관리를 잘못해서 부실이 생겼다며 책임을 떠넘길 수 있다. 하지만 이는 온당치 못하다. 일반적으로 선박금융은 초기 설계 및 집행에서 그 미래가 결정되기 때문이다. 물론 관리를 잘못해서 부실이 생기기도 하지만, 정상적인 선박금융기관 조직에서 그럴 확률은 매우 낮다. 선박금융기관들이 이 문제에 대해 고심을 해 봐야 하는 이유도 여기에 있다. 순환 근무를 하며 계속해서 담당자가 바뀌다 보면, 어느 순간 모든 부실에 대한 책임이 엉뚱한 직원에게 전가되고 마는 경우가 비일비재하기 때문이다.

당시 알 선생도 해운사나 금융기관 실무 담당자들의 고충을 직간접적으로 겪었다. 하지만 한편으로는 업무적 성취감을 느꼈던 적도 있다. 조선소가 잔금을 받지 않고 금융 조달 시까지 이자를 받는 조건으로 해운사에 넘겨준 선박이 있었다. 그중에는 우량 화주와 COA 내지는 CVC 계약을 맺은 선박들이 있었는데, 알 선생은 당시 DVB의 마타인과의 협의를 통해 해당 선박들에 대한 선박금융을 지원해 준 바 있다. 물론 처음에 해운사들은 그런 알 선생을 의심의 눈초리로 보며 별 기대를 하지 않았다. 이미 선박금융 확보에 많은 실패를 경험하며 지칠 대로 지쳐 있었기 때문이었다. 그처럼 대형 선사도 선박금융 조달이 불가능한 상황에서 외국계 은행과 함께 낮은 금리로 실제 자금을 집행하자 가장 고마워했던 이는 당연히 조선소 담당자였다. 그러면서 조선소가 갖고 있던 다른 선박들에 대해서도 금융 지원을 해 줄 수 있는지 문의를 해 왔지만 아쉽게도 해외 선주의 선박들이어서 더는 지원할 수 없었다. 그래도 조선소와 해운사 분들의 기뻐하던 모습에 뿌듯했던 기억이 선하다.

돌이켜 보면 선박금융기관들은 선가가 더 떨어지기 전에 신속히 해당 선박들을 회수하여 시장에 처분했어야 했다. 하지만 그렇게 하지 않았고 원리금 유예 처리를 해 주었다. 결국, 금융기관들은 원리금은 원리금대로 못 받고, 선가는 시간이 지날수록 더 추락해 버려 이중의 손실을 보게 되었다. 선박은 땅이 아니다. 절대 땅처럼 관리하거나 처분해서는 안 된다. 선박은 20~25년 정도를 사용할 수 있는데, 최근에는 환경 규제 때문에 경제 수명이 더 짧아지는 분위기이다. 땅은 가지고 있으면 언젠가 개발 호재가 생겨 해결책이 나올 수 있지만, 선가가 회복될 가능성은 매우 희박하다.

물론 그렇다고 회복할 가능성이 아예 없다는 것은 아니다. 하지만 현명한 선박금융 실무자라면 해운 시장의 불황과 선가 폭락의 상황에서 더욱 냉철하게 시황을 바라봐야 한다. 해운사가 법정관리를 신청하고 반선된 선박이 있다면 최대한 빨리 처분하는 것도 현명한 방법이 될 수 있다. 선령이 증가할수록 선박관리비도 많이 지출되며, 변경되는 국제 규정을 준수하기 더 어려워지기 때문이다. 더욱이 요즘은 환경 규제가 계속해서 강화되거나 변경되고 있어 보유한 선박에 어떤 새로운 규제가 적용될지 감조차 잡기 어렵다는 점도 고려해야 한다. 알 선생이 선박금융 시장에서 경험한 바에 따르면, 불황이 이어질 때 이미 폭락한 선가의 90%를 지원한 경우가 호황기에 폭등한 선가 대비 60%를 지원한 경우보다 훨씬 안전했다. 당연한 얘기지만, 가장 밑바닥이라고 생각한 1층 밑에 지하 1층이 있다는 사실을 잊지 말아야 할 것이다.

4. 정책 선박금융기관에 대한 소견

선박금융 시장이 정상적으로 작동되지 않을 경우를 대비한 정책 선박금융기관의 필요성은 절대적이다. 해운 시장에 불황이 닥치면 민간 금융권의 선박금융 지원은 경색되기 마련이고, 그때 만기가 도래한 선박금융의 재금융이 확보되지 않을 시 해운사와 금융기관들의 동반 부실화로 이어지기 때문이다. 이런 점에서 정책 선박금융기관은 우리나라 금융 시장 안정화는 물론 국내 조선 산업 및 해운 산업의 생존 및 번영을 위해 꼭 필요한 기관이다.

현재 우리나라의 정책금융기관 중 선박금융을 지원하는 기관은 K1 은행, K2 은행, K 보험공사, K 진흥공사와 K 공사 등이 있다. 이 중 ECA기관인 K2 은행과 K 보험공사는 주로 국내 조선소와 외국 선사를 지원하므로 이들을 제외하면 실제 국내 해운사를 지원하는 정책금융기관으로는 K1 은행, K 진흥공사, K 공사가 있다. 이처럼 민간 선박금융 시장이 작동하지 않을 경우를 대비해 총 3개의 기관을 둔 것은 바람직하다고 생각한다. 왜냐하면 기관마다 투자 예산, 포트폴리오, 익스포져가 각기 다르기 때문이다. 정책금융기관들이 1년 동안 지원할 수 있는 예산은 매우 한정적이고, 특정 해운사에 편중해 지원할 수 없으며, 지원해 줄 수 있는 선박의 수도 매우 제한적이다. 또한, 만약 한 기관이 가지고 있던 선박금융 자산에서 부실이 발생한다면 추가적인 투자와 지원이 중단될 가능성이 큰데, 그럴 경우를 대비해서라도 최소 세 개의 정책금융기관은 존재해야 한다는 게 알 선생의 생각이다.

한 산업에 특화된 정책금융기관으로서의 선박금융기관의 장단점은 명확하다. 장점은 순환 근무를 해도 전문지식을 계속해서 축적해 가며 높은 전문성을 유지할 수 있다는 점이다. 따라서 전문지식이 부족하여 위험한 투자를 하거나 지원을 진행할 가능성은 매우 적다. 반면 단점이라면 해운, 항만, 해양 및 조선업이 거의 같은 시기에 호황과 불황을 겪기에 해당 산업 분야에 특화된 포트폴리오를 가지고 있는 기관이라면 불황 시 경영상 심각한 문제에 직면할 수 있다는 점이다. 이에 호황기일수록 지원 예산을 줄이고 되도록 민간 금융기관에서 선박금융 지원을 하도록 유도함과 더불어 상당한 주의를 기울여 선별적으로 선박금융을 실행해야 바람직하다. 하지만 해당 기관의 경영 실적이나 인력 운영 등의 문제로 예산을 줄이기는 쉽지 않을 것이다.

정책금융기관들은 정기적으로 감사원과 국회의 감사를 받는다. 감사를 받으면 업무량이 폭증하고 일상 업무는 거의 마비된다. 과거에 진행한 사업들에서 부실이나 업무 절차상 문제가 발견되면 강한 처벌을 받거나 기관 존립 자체에 문제가 생길 수 있기 때문이다. 그렇기 때문에 정책금융기관의 실무자들이라면 더더욱 높은 수준의 업무 지식과 능력 그리고 윤리의식을 지녀야 하며, 경영진들은 기관 존립을 담보하는 고도의 투자 철학과 원칙을 세우고 지켜 나가야 한다. 물론 항상 원칙을 가지고 공명정대하게 업무를 처리하는 게 쉽지만은 않을 것이다. 행동재무학에서 자주 언급되듯이 인간이란 합리적인 것이 무엇인지 알면서도 비합리적으로 행동하는 존재이기 때문이다. 예를 들어 정년이나 임기가 얼마 남지 않은 자가 높은 지위에 있을 때 개인의 욕망과 영달을 위해 업무를 무리하게 진행하는 경우를 생각해 보자. 거기에 더해 실무진 중 일부가 그 사람과 단합하여 같은 노선을 걷게 되면 과연 어떤 결과를 초래할까? 정교하게 포장된 명분과 논리를 바탕으로 심각한 부실 투자가 이루어질 수 있으며, 그 결과 선량한 일선 실무진들은 그들이 남기고 간 쓰레기를 치우느라 괴롭고 힘든 시간을 보내게 될 것이다. 정책금융기관 임직원이라면 이 점을 명심하고 경계하자. 부실은 비리와 무지에서 출발하고, 비리는 계획적으로 시작된다. 그렇기에 정책금융기관들의 감사 부서는 철저하게 독립성을 보장받아야 하며, 정책금융기관 종사자들은 높은 도덕성과 윤리의식 그리고 전문지식을 가져야 한다.

5. HMM과 주가

2001년 9월 11일, 알 선생은 뉴욕에서 멀지 않은 미국 동부의 한 항구에 있었다. 선내 TV에서는 온종일 여객기가 빌딩에 충돌하는 영상을 보여주고 있었다. 하역 작업 중이던 알 선생은 처음에는 그저 영화의 한 장면이려니 했다. 하지만 모두 알고 있듯이 그 장면은 바로 9·11테러 사건의 현장 영상이었다.

그날 알 선생은 HMM사의 화물 감독님과 함께 있었다. 우리 배가 싣고 온 화물이 HMM의 화물이었기 때문이다. 해양대 선배이시기도 했던 화물 감독님께서 알 선생에게 푸념을 늘어놓으셨다. 9·11테러 사건에 관한 이야기가 아니었다. 오랜 기간 보유해 오던 HMM 주식이 폭락해 큰 손해를 봤다는 하소연이었다. 하지만 그런 하소연에도 아랑곳없이 며칠 후 알 선생은 주당 800원에 HMM 주식 3,000주를 샀다. 그리고 주가가 1,300원으로 올랐을 때 전량 처분했다. 사실 그 가격에 매도한 것도 너무 빨랐다. 수년 후 HMM 주가는 주당 33만 원이 되었으니 말이다.

2003년부터 HMM은 SIC 펀드로 VLCC와 벌크선, 컨테이너선 등의 선박을 국내 조선소에 대량 발주했다. 그 후 China Effect로 시황이 폭등했다. 운임과 선가는 몇 배나 올랐고, 700원대에 머물던 HMM 주가는 주당 33만 원까지 치솟았다. 다른 해운 주인 대한해운 주식도 주당 29만 원까지 올랐으며, 조선 주인 현대중공업은 15,000원에서 55만 원까지 올랐다. 시장에서는 미망인 H 회장의 용인술과 사람 보는 눈이 대단하다는 칭송이 이어졌다.

물론 극찬의 대상이었던 그분은 리먼 브라더스 사태 후 비난의 대상이 되고 말았다. 부활했던 HMM은 다시 무너졌고, 조만간 파산하거나 한진해운에 흡수합병 될 거라는 루머가 시장에 돌았다. HMM에 종사했던 많은 지인이 회사를 그만두었다. 일부는 다시 배를 타러 나갔고, 일부는 자영업에 뛰어들었다. 하지만 사라질 것 같던 HMM은 정부의 대대적인 지원을 받아 기사회생했고, 2,000원대였던 주가는 다시 40,000원대 후반까지 치솟았다.

정부의 대대적 지원을 받았던 만큼, 알 선생은 과거의 경험을 근거로 HMM의 주식이 다시금 폭등할 것이라 예상했다. 하지만 알 선생은 해운 기업의 주식은 매입할 수 없기에 아름다운 그래프를 보는 것만으로 만족하고 있다.

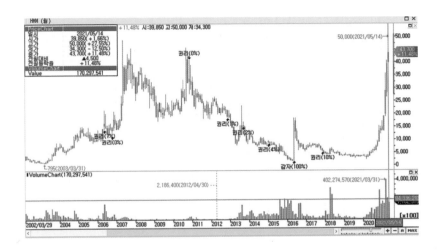

6.   관공선과 선박펀드

2005년부터 알 선생은 평소 존경하던 L 팀장님과 인천에 있는 해양경찰본부를 주기적으로 드나들었다. 당시 해경의 노후 경비함 문제는 심각했는데, 예산이 충분하지 않아 신규 경비함을 건조하는 게 쉽지 않은 상황이었다. 그러던 중, 쓰시마 섬 근처에서 우리나라 어선이 일본 경비정에 나포될 위험이 있었다. 그로 인해 해경의 노후한 경비함 문제가 언론에 크게 부각되었고, 민간 자본을 이용하여 해경 경비함을 건조하자는 계획이 급물살을 타게 되었다. 사건 발생 후 해양경찰청에서 연락이 왔고, 운용사 내에서 여러 이유로 계륵이 된 해경 프로젝트는 알 선생이 속한 팀에 배정되었다. 「선박투자회사법」 개정도 진행해야 했고, 해경 측에 선박펀드와 선박금융에 대한 강의와 설명도 해야 했다. 해야 할 일은 많았지만 경비는 충분하지 않았다. L 팀장님과 알 선생은 용산에서 인천까지 지하철이나 버스를 타고 다녀야 했다. 밥값도 한정된 팀 영업비로 해결하며 끼니를 때웠다. 배고프게 일했던 때였다.

하루는 해경 측이 사무실에 밥을 시켜 놓고 회의를 진행한 적이 있었다. 매운탕을 간이 가스버너에 올려놓은 채 계속 데우던 통에 매운탕 냄새가 진동했다. 그에 더해 해경의 높으신 분이 계속 질문을 하는 바람에 매운탕이 다 졸아서 물을 부어 가며 거듭 끓여 댔다. 가뜩이나 허기가 져 있던 탓에 괴로운 시간이었다. 그래도 회의가 끝나면 으레 함께 먹자고는 할 줄 알았는데, 퉁명스럽게 그만 가 보라는 말만 듣고 사무실을 나왔다. 썩 유쾌한 순간은 아니었으나 해경 경비함 프로젝트를 우리에게 맡길 거라는 희망에 불쾌함도 잠시였다. 곧바로 L 팀장님과 알 선생은 주린 배를 움켜잡고 인천 차이나타운으로 갔다. 우리가 먹었던 것은 국민 메뉴 자장면과 탕수육이었는데, 아직도 그 맛을 잊을 수가 없다.

우리는 주기적으로 인천의 해경 본부를 오가며, 해경이 요구한 자료들을 제공하고 그와 관련된 설명까지 했다. 우리에게 분명 업무상의 우선권을 줄 거라는 아주 순진한 생각으로 통상적인 비즈니스 업무를 넘어 봉사 수준으로 최선을 다했다. 하지만 순진한 기대였다. 해경 측은 우리의 기대와 달리 '국가를 당사자로 하는 계약'은 입찰을 해야 한다면서 입찰 계획을 공고했다. 입찰 방식은 사업총액을 기준으로 조달과 상환 구조를 얼마나 잘 만드느냐에 답이 있었다. 허탈하고 어이가 없었다. 염려했던 것처럼, 역시나 그 프로젝트는 계륵이었다. 시간과 노력을 쏟은 것을 생각하면 다른 프로젝트를 진행했어야 했다는 후회가 밀려왔다.

L 팀장님과 많은 대화를 나누었다. 극심한 부담과 압박감을 느꼈다. 만약 입찰에서 떨어지면 국내 1호 회사라는 이미지에 큰 타격을 입으면서 K사 두목의 질책과 괴롭힘도 심해질 상황이었다. 또한, 프로젝트의 성과에는 알 선생의 승진도 달려 있었다. 별별 생각과 아이디어를 짜내었다. 증권사와 협의해 국민 투자자의 애국심을 자극하는 방법도 고려했다. 달러를 조달하여 원화로 스와프하는 방법도 고려해 봤고, 환율매매를 하는 방법도 고민했다.

우리와 함께 일하던 K 은행 담당자도 똥줄이 타기는 마찬가지였다. K 은행 두목도 대통령의 관심 사항이었던 프로젝트에 꼭 참여해 일정 부분 기여하겠다는 욕심이 있어서였다. L 팀장님과 나는 다른 운용사 정보를 최대한 확보해 관련 금리 정보를 K 은행 담당자에게 전달하며 최저 금리를 제공해 주시라 부탁했다. 물론 단번에 해결책을 얻을 수는 없었다. 2호 운용사가 제일 경쟁력이 있다는 둥, 4호 운용사가 엄청난 물주를 물고 왔다는 둥의 소문만 무성했고, 하루하루 스트레스는 더해져 갔다.

시간이 흘러 입찰 마감일이 되었다. 입찰은 대전 근교 조달청에서 진행되었다. 입찰 장소의 적막감과 긴장감을 뚫고 개찰이 시작되었다. 4개

운용사의 사업총액이 하나씩 발표되었다. 첫 개찰에서 1,700억대의 가격이 발표되었다. 다소 안도했지만 마지막까지 걱정이 되었다. 3번째 운용사 역시 1,700억대였다. 속으로 쾌재를 불렀다. 마지막 우리의 입찰 가격이 발표되었다. "1,650억!!" 개찰장에는 쌍욕들이 쏟아져 나왔다. "어떤 새끼가 이런 가격을 썼어?", "이런 미친!", "역마진이다!", "사업을 말아먹으려 작정을 했구나!" 비록 조달금리는 다른 운용사보다 높았지만, 획기적인 구조를 도입하여 입찰을 따낼 수 있었다. 이후 K 선박금융은 해당 입찰 성공으로 많은 수익을 얻었고, 알 선생 역시 엄청난 성취감과 자신감을 얻었다.

2006년 하반기, 그렇게 알 선생이 조성한 우리나라 최초의 관공선 펀드인 거북선 1호 선박투자 회사가 상장되었다. 관공선 펀드는 민간 자본을 이용하여 한꺼번에 많은 선박을 확보할 수 있다는 장점이 있다. 해운 경기가 불황일 경우 대규모 관공선이 발주된다면 국내 조선소 등을 지원하는 효과도 있다. 반면 1년에 한두 척씩 지속해서 함정들을 발주·인도되는 프로세스와 다르게 일정 기간이 지나면 노후 함정들을 한꺼번에 퇴역시켜야 한다는 단점도 존재한다. 나아가 한꺼번에 많은 함정이 쏟아져 나오는 때에는 해당 함정들을 운영할 인력도 양성해 배치해야 하는데, 거기에는 막대한 예산이 필요하기에 함정 운영 인력 부족을 겪을 수 있다는 단점도 있다. 그에 더해 민간 자본을 사용하면 다음 그래프처럼 국고채보다 금리가 높은 탓에 국가 예산이 추가로 지출될 수도 있다. 이 때문에 민간 자금이 저렴하지 않을 때 선박금융을 취급하는 공공기관의 투자 자금을 이용해 관공선펀드를 구성하는 게 바람직할 수 있다.

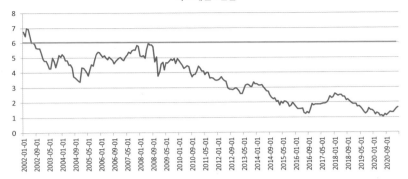

국고채권 5년물

7.   BBC와 선박투자

2006년 K사에서 국내 첫 공모형 BBC 선박투자회사펀드를 내놓았다. 그 당시 업계 전문가들은 모두 맹비난을 했다. 외국 선주들이 국내 자본 시장에 똥배를 던지고선 돈만 챙겨 도망가려 한다며 난리였다. Fortis Bank에서 선순위 70%를 지원하고, 한국 자본 시장에서 후순위로 20%를 지원하는 구조였기 때문이다. 금리는 연 9.75%였고, 그 당시 개인 투자자는 3억까지 비과세와 분리과세 혜택을 받았기에 인기가 매우 높았던 선박펀드였다. 펀드는 총 아홉 척을 진행했고, 인기가 폭발적이었던 만큼 증권사에서 총액인수도 충분히 가능했다. 하지만 여러 기관과 해운 업계의 우려로 결국 네 척만 진행되었다.

펀드는 대박이 났다. 해운사라면 2005년 폭등한 해운 시황에서 2006년의 시황 하락 전망이 나왔을 때 배를 던지고 리스크 헤지^{Risk Hedge}를 하고 싶었던 게 맞았다고 생각한다. 다만 그 당시 해운 시황은 미친 시황이었다. 떨어지던 선가가 예상치 않게 폭등하자 결국 해운사는 옵션을 실행했고, 펀드는 조기에 종료되었다. 대성공이었다. 아홉 척이 아닌 네 척으로 펀드를 진행했다는 게 아쉬웠을 따름이었다.

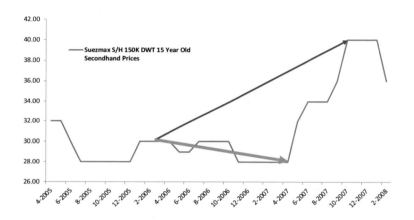

BBC는 해운사가 간절히 원하는 형태의 계약이다. 그 말은 반대로 금융기관들은 절대 해서는 안 되는 계약이란 뜻이다. 자기 소유의 선박이 아니면 애정과 주인의식을 갖기 어렵다. 선박관리에 누가 돈을 쓰겠는가? 선박은 페인트칠, 기름칠 등 정비가 매우 중요하다. 공무 감독을 하는 후배들의 푸념에 따르면 그런데도 해운사에서 비용을 줄이고자 값싼 중국산 부품과 소모품을 써서 고장이 반복되는 탓에 선원들이 괴롭다고 난리라고 한다. 특히 시황이 어려우면 제일 먼저 절감하는 부분이 선박관리 비용이다. 선박관리 업계 종사자들이라면 너무도 잘 알고 있는 사실이다.

Top Tanker 건에 대한 비난이 상대적으로 적었던 이유는 잔존가치를 스크랩 가치로 놓고 프로젝트를 진행한 16살의 오래된 선박이었기 때문이다. 알 선생 개인적 의견으로는 BBC 선박투자를 할 수 있는 경우란 딱 한 가지라고 본다. 단기로 배를 사용하다 버린다고 여길 경우이다. 신조 선박을 BBC로 준 선박과 BBCHP로 준 선박의 5년 후 선박 상태는 어떨 것 같은가? 많은 차이가 있을 게 자명하다.

BBC 선박투자 후일담_ 펀드매니저 J 팀장님 이야기

해양대 후배들을 위해 당시 PM이셨던 J 팀장님 이야기를 좀 써 보고자 한다. 롤 모델로 삼을 만한 분이시기 때문이다. 펀드를 성공시킨 후, J 팀장님은 Fortis Bank 담당자와 인연이 되어 싱가포르 외국계 은행의 선박 금융 담당자로 스카우트 되셨다. 팀장님은 지방 출신으로 해양대 항해과 졸업 후 승선하셨고, 그 후 영국 유학을 떠나셨다. 카디프대학교에서 석사를 하셨는데, 유학을 다녀온 사람들은 알겠지만 1년 정도 유학을 다녀왔다고 해서 영어가 유창해지는 않는다. 그랬던 분이 2005년부터 Top Tanker 건을 진행하면서 싱가포르 Fortis Bank 담당자와 전화 통화를 하기 시작했다.

공감하겠지만 한국 사람들은 영어로 통화하는 것을 매우 두려워한다. 게다가 회사에서 업무 용건으로 전화를 한다면 본인의 영어 실력이 들통 날까 싶어 더더욱 그럴 것이다. 하지만 J 팀장님은 다르셨다. Oh my god! 지구상에서 들어 본 적 없는 발음에 엄청 떠듬거리는 영어 실력으로도 아무런 부끄럼 없이 Fortis와 끊임없이 통화하셨다. 게다가 목소리마저

크셔서 사무실 내 모든 사람에게 통화 내용이 들릴 정도였다. 그래서 본인 스스로 영어를 잘한다고 생각하시는 것 같다는 생각도 들었다. 간단히 메일로 해결할 문제도 J 팀장님은 굳이 전화를 통하셨다. 국제 전화비가 걱정될 정도였으니 말이다.

하지만 역시 성공하는 사람은 무엇이 달라도 달랐다. 시간이 지날수록 떠듬거리던 J 팀장님의 영어는 점차 부드럽고 자연스러워졌다. 된장 발음은 어쩔 수 없었지만 J 팀장님은 주위 시선에 신경을 안 쓰셨고, 열정적으로 일에 매진하셨다. 그 모습은 알 선생에게 많은 가르침이 되었다. J 팀장님은 회사에서 살다시피 매일 새벽까지 일에 매진하셨고, 결국 Top Tanker 건을 완수하셨다. 좋은 조건으로 싱가포르 외국계 은행으로 스카우트된 것도 그 결과였다. 해양대 후배들이라면 꼭 본받았으면 하는 인재여서 이야기를 남긴다.

8.   Evolution or Innovation?

2000년대 중반까지만 하더라도 초대형 컨테이너선이라고 하면 6,500 TEU급 선박이었다. 항만 수심 제약, 화물 확보 가능량, 갠트리 크레인 높이 등의 조건 때문에 10,000TEU 이상의 선박은 경제성이 없을 것이라는 게 업계의 중론이었다.

이와 관련, 2008년 알 선생이 S 은행에서 근무하던 당시의 일화가 있다. H 해운이 3~4년 전에 발주했던 6,800TEU와 8,600TEU 선박들을 대량으로 인도받아 시장에 투입했다. 해당 선박들은 막대한 선박금융 잔액들을 가지고 있었다. 하지만 리먼 브라더스 사태 이후 컨테이너선 시황은 지속해서 폭락했고, 대형 컨테이너 선사들이 치킨 게임을 시작할 시점에 머스크를 비롯한 유럽 선사들은 15,000TEU 이상 선박을 대량으로 발주했다. 컨테이너선 시장은 혼란에 휩싸였고, 일부 유럽 대형 컨테이너 선사를 제외한 나머지 컨테이너 선사들은 패닉에 빠졌다. 컨테이너선 시장에서 머스크는 절대적 게임 체인저가 되었다.

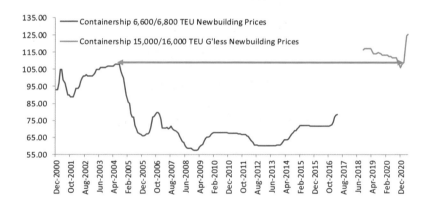

2005년 6,800TEU 컨테이너선 신조선가는 2020년 15,000TEU 컨테이너선 신조선가 USD 105M과 동일했다. 2016년에는 파나마 운하가 확장 개통되어 15,000TEU 컨테이너선도 통항이 가능해졌다.

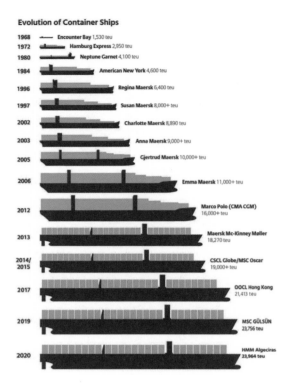

Evolution of Container Ships

1968	Encounter Bay 1,530 teu
1972	Hamburg Express 2,950 teu
1980	Neptune Garnet 4,100 teu
1984	American New York 4,600 teu
1996	Regina Maersk 6,400 teu
1997	Susan Maersk 8,000+ teu
2002	Charlotte Maersk 8,890 teu
2003	Anna Maersk 9,000+ teu
2005	Gjertrud Maersk 10,000+ teu
2006	Emma Maersk 11,000+ teu
2012	Marco Polo (CMA CGM) 16,000+ teu
2013	Maersk Mc-Kinney Møller 18,270 teu
2014/2015	CSCL Globe/MSC Oscar 19,000+ teu
2017	OOCL Hong Kong 21,413 teu
2019	MSC GÜLSÜN 23,756 teu
2020	HMM Algeciras 23,964 teu

9. 　　　　　　　　　　　　　주식과 IPO, 그 위대한 힘

2006년 하반기였던 것으로 기억한다. 선박금융 영업을 하던 알 선생은 중소 케미컬 해운사의 H 사장님을 만났다. 해양대학교 선배이기도 했던 사장님은 존경받을 만한 대단한 해운인이었다. 가난한 집안에서 태어나 자수성가하여 회사를 창업하셨고, 여러 차례 사업 실패로 감당하기 힘든 채무를 짊어지는 수렁에도 빠지셨다. 하지만 단념하지 않고 브로킹 회사로 다시 일어섰고, 마침내 2006년 케미컬 해상 운송 부분에서 전 세계적으로 플레이를 직접 할 수 있는 한국 유일의 해운 회사를 만드셨다.

H 사장님의 꿈은 원대하셨다. Odfjell과 Stolt가 독점하던 세계 케미컬 해상 운송 부문에서 한국의 S사를 대항마로 키우겠다는 야망을 지니셨다. 더불어 그 꿈을 사원들과 함께 이루기를 소망하셨다. 그래서 사원들에게 회사 주식을 나누어 주시고, IPO의 꿈을 품고 같이 뛰도록 만드는 열린 경영을 추구하셨다. 그만큼 사원들을 믿고 권한을 충분히 줌으로써 개개인의 능력을 십분 발휘하게끔 하셨다. 이에 사원들도 적극적으로 호응했다. 야근을 자청하는 일이 부지기수였고, 퇴근 후에도 집에서 밤을 새우며 일을 했고, 주말에도 미친 듯이 일했다.

알 선생 역시 그런 H 사장님과 함께 S사를 세계 3대 케미컬 운송 선사로 만들어 보고 싶다는 의욕이 솟구쳤다. 그래서 사장님으로부터 함께 일해 보자는 제안을 받았던 때, 정말이지 세상을 다 가진 기분이었다. 당시 K사를 다니던 알 선생은 연봉이나 성과급, 그리고 진급 문제로 회사에 많은 서운함과 실망을 느끼고 있었다. 그래서 미련 없이 사표를 던지고 나와 재무기획 팀장직으로 S사에 합류했고, S&P와 선박금융을 담당하게 되었다.

IPO와 주식의 힘은 정말 대단했다. 하루가 어떻게 지나가는지 모를 정도로 열정적으로 일해도 전혀 피곤하지 않았다. 알람 없이도 새벽에 눈이 떠졌고, 출근길이 그렇게 행복할 수가 없었다. 꿈과 희망이 있었기 때문이다. IPO에 성공할 경우 알 선생의 주식은 대략 40억 원 정도의 가치로 평가될 것이었다. 당시 강남의 30평대 아파트 한 채가 약 10억이었던 시절이었다. 알 선생은 꿈을 자주 꾸었다. 싱가포르에서 IPO를 성공시키고 나면 강남에 아파트 한 채를 사 놓고 크루즈를 타며 세계 여행을 다녀오는 미래를 그렸다. 1~2년 정도 크루즈 여행을 한 후에는 영국에서 박사과정을 밟거나 다시 선박금융계에서 일하겠다는 계획이었다. 알 선생만 그런 생각을 했던 것은 아니다. 모든 직원이 IPO에 중독되어 어떤 불만도 없이 미친 듯 일에 매달렸다. 실제로 평소 업무에서도 성과에 대한 보상이 확실했다. 알 선생이 어렵게 선박금융을 조달하면 반드시 보상이 뒤따랐다. 한 번은 노르웨이 KS펀드로 다섯 척의 선박금융을 조달했는데, 사장님은 추가 주식과 함께 월급의 100%를 보너스로 주셨다. 충성심과 애사심이 안 생길 수 없었다. MBA도 졸업하지 않으신 H 사장님은 그만큼 경영의 천재였다.

물론 경영의 천재가 이끄는 회사에도 위기는 있었다. 브로킹 회사에서 시작해 급하게 키운 회사이다 보니 여기저기 문제가 생기기 시작했다. 가장 어려운 문제는 재무 및 세무 관련 업무와 선박관리 문제였다. 그에 사장님은 원천세Withholding Tax 등의 문제와 싱가포르에서 제공하는 해운에 대한 세제 혜택 등을 고려해 싱가포르에 자회사를 세우기로 하셨고, 일단 해양대 동기인 J 과장을 선발대로 싱가포르에 보냈다. 사무실 계약 후 인테리어와 집기 등을 갖추고 법인 설립 업무를 수행하느라 J 과장이 정말 많은 고생을 했다. 알 선생도 2주일에 한 번꼴로 싱가포르행 비행기를 탔으며, 싱가포르 정부에서 제공하는 AIS 인증을 받기 위한 업무를 수행했다. 그리고 얼마 후 알 선생 또한 싱가포르 자회사 직원으로 등록되었고 취업허가증을 받았다. 그때 느꼈지만, 싱가포르라는 나라는 정말 기업을 운영하는 이들에게 관대했고 편리한 행정을 제공해 한국과는 여러 가지로 비교되었다. 항공 일정조차 달랐다. 싱가포르의 비행기 일정은 일하기 딱 좋게 배정되어 있었다. 싱가포르에서 밤 비행기를 타면 한국에 새벽에 도착하는 스케줄이었다. 싱가포르 에어라인, 아시아나, 대한항공 등 모든 항공편이 그렇게 편성되어 있었다. 어쨌든 여러모로 잘 갖춰진 싱가포르의 비즈니스 인프라 덕분에 AIS 신청을 잘 마무리했고, 우리 회사는 국내 해운사 중 두 번째로 AIS를 신청하는 회사가 되었다. 이후 알 선생은 IPO, 선박금융과 영업을 위한 선대 확장 등 여러 가지 일들로 정신없는 나날을 보냈다.

한편 선대 확장 및 IPO를 위해 H 사장님은 중고 싱글 Hull 프로덕트 탱커선을 싸게 구입해 중국에서 IMO Type 케미컬선으로 개조하는 전략을 선택했다. 그 당시는 IMO 규정이 바뀌어 구형 케미컬 선박이 시장에서 퇴출당하는 시기이기도 했던 만큼 무리 없는 전략으로 보였다. 그래서 P 전무님을 비롯한 모든 직원이 사장님의 아이디어에 동의했으나 문제는 중국 조선소였다. 중국 최고의 조선소인 C 조선소에 개조를 맡기기로 했지만 역시 리스크가 크다는 게 중론이었다. 하루는 계속되는 직원들의 반대에 H 사장님이 모든 직원을 회의실로 부르셨다. "모든 사업에는 리스크가 따른다. 나는 리스크를 택해서 지금 이렇게 회사를 설립해 키웠고, 사장을 하는 것이다. 반면 리스크를 택하지 않은 여러분들은 종업원을 하는 것이고." 그 말씀에 더는 아무도 개조 건에 반대하지 못했다.

하지만 우려한 바대로 중국에서의 선박 개조 건은 회사를 망하게 했다. 척당 USD 3M으로 계약했던 개조 건은 조선소의 횡포로 개조비용이 척당 USD 6M까지 솟구쳤다. 원자재 가격과 인건비 상승이 핑곗거리였다. 소송을 하려고 했으나, 이미 선박을 억류해 버린 탓에 우선은 첫 번째 선박 개조 비용을 지급하고 선박을 운항하기로 했다. 당시 3척을 동시에 개조한 탓에 갑작스럽게 USD 18M의 긴급 자금이 필요하게 된 것도 문제였지만 진짜 문제는 개조된 선박이었다. 선체 전반에 걸쳐 파이프 누수가 발생했고, 결국 선박 운항은 불가능한 상황에 이르렀다. 역시 중국 조선소는 중국 조선소였다. 결국, IPO의 꿈도 그렇게 날아가 버렸다.

알 선생은 S사에서 1년이라는 시간 동안 근무했다. 하지만 일반 해운 회사에서 일했다면 수년 치 일을 했던 것 같다. 20여 건이 넘는 선박금융과 10여 건 이상의 S&P, 그리고 IPO 준비 업무 등의 실무 경험은 엄청난 내공으로 쌓이게 되었다. 당시 알 선생을 24시간 일하게 만든 원동력은 주식과 IPO였다. 이익 공유제, 자사주 매입 옵션, 주식 배분을 통해 강력한 동기부여를 체감했으며, 향후에도 많은 우리나라 기업들이 경영 철학의 롤 모델로 삼았으면 한다.

10. 1층 아래에는 지하 1층이 있었다!

S 해운은 J 해운과 더불어 알 선생이 국내 중소 해운사 중 가장 이상적이고 멋진 해운 기업이라고 생각하던 회사였다. S 해운은 역사상 최대 호황기였던 2000년대에 선박을 모두 정리하였기에 리먼 브라더스 사태의 영향을 받지 않았다. 이후 2010년에 들어서야 다시 선박을 발주하기 시

작했기 때문에 모두 S 해운이 망하거나 경영상 어려움을 겪지는 않으리라 생각했다. 해양대 대선배이시기도 했던 S 해운 회장님은 해운계의 진정한 고수 CEO로 업계 사람들의 많은 존경을 받았다.

알 선생 역시 K사에 근무할 때부터 S 해운과 일을 해 보고 싶었으나, LTV를 적게 사용한 회사여서 함께 일해 볼 기회가 오지 않아 아쉬웠다. S 해운은 꾸준히 잘나갔다. 친환경 설비가 장착된 최신 선박을 인도받아 영업 중이었다. 알 선생은 꾸준히 S 해운의 L 사장님을 찾아뵙고, 선박금융의 기회를 주시라고 부탁을 드렸다. L 사장님께서는 알 선생이 불쌍해 보였는지 삼고초려 끝에 결국 기회를 주셨다. 보유하고 계신 신조 울트라막스 한 척과 인도받은 지 얼마 안 된 파나막스 한 척에 대한 선박금융을 맡기셨다. 선가의 60%만 금융을 원하셨기에 업무도 쉽게 진행되었다. 해당 선박금융의 안정성에 대해서는 단 한 번도 의심하지 않았다. 하지만 1층 밑에 지하 1층이 있을 수도 있음을 간과했다.

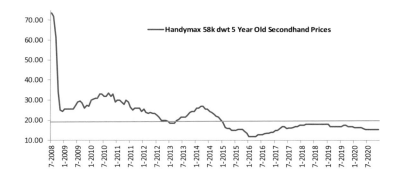

2016년, BDI가 283까지 폭락했고, 벌크선의 가격도 밑바닥 수준까지

빠져 버렸다. 2008년 리먼 브라더스 사태 이후 해운 시황이 바닥을 딛고 올라가는 상황이라고 생각하던 차, 더 밑으로 추락해 버리고 말았다. 전년도인 2015년에 S2 해운이 법정관리를 들어간 사건으로 극심한 고통과 스트레스를 겪었던 기억이 되살아 나는 듯했다. 겨우 그 고통에서 벗어나려나 싶더니 S 해운이 대기하고 있었던 것이다. 소유한 선박들의 선가가 전체적으로 빠져 버리자 S 해운의 상황은 심각해졌다. 특히 만기에 도달한 선박금융의 연장이 시급했다. 해당 선박금융의 주 채권 은행인 S 은행은 대출 연장에 부정적이었다. 해운 시장은 패닉에 빠졌고, 금융기관들도 공포에 휩싸였다.

알 선생은 S 해운의 요청에 따라 C 팀장님과 함께 S 은행과 W 은행을 찾아가 읍소했다. 지금은 매우 이례적인 상황이므로 선박금융 연장을 해준다면 차후에 선가가 다시 올라 손실을 보지 않을 것이라며 설득했다. S 은행이 대출 연장을 거부할 경우 S 해운은 결국 법정관리를 신청하게 될 것이며, 모든 상황이 고통스러운 방향으로 흘러갈 게 뻔했다. 그 불행을 겪고 싶지 않아 우리는 끊임없이 금융기관들을 설득했다. 다행히 훌륭하신 은행 갑 님들께서 대출 만기를 연장해 주셨다. 이후 S 해운은 폭락한 해운 시황에 더해 심각한 유동성 문제까지 겹치며 소유한 선박들을 급하게 처리해야 했지만, 법정관리까지는 가지 않았다. 심각한 위기는 넘겼지만 웃을 수 없었고, 처절한 교훈을 얻은 경험이었다.

1층 밑에는 지하 1층이 있다!

　어느 날 오전 국내 S 은행에서 선박금융을 담당하던 후배, Y 과장으로부터 전화가 왔다. 'S○○○'라는 일본계 은행에서 한국 선박금융 담당자를 채용한다니 지원을 해 보라는 연락이었다. 그 당시 알 선생은 해운 회사인 S사에서 퇴사한 상태였다. 실업급여를 받고 있었기에 용돈으로 삼을 만한 금액은 있었지만, 마음 한구석에서 솟아오르는 불안함은 감출수 없었다. 하루를 보내는 일과라면 아내를 일터에 데려다준 후 홀로 쓸쓸히 북한산으로 등산을 가는 것이었다. 물론 리먼 브라더스 사태가 터지기 전이었고 해운 시황이 최고로 정점을 찍었을 때라 일자리는 많았다. 하지만 너무 잦은 이직은 경력상 도움이 안 될 것 같아 신중의 신중을 기해 다음 직장을 잡자고 다짐하며 산에 오르던 때였다. 그러던 중 받게된 Y 과장의 연락이었다. 외국계 M 은행과 국내 N 은행, 캐피털사, 증권사 등 여섯 군데의 선박금융 직무에 지원해 최종 면접을 진행 중이거나이미 근무 제안을 받은 상태였으나 이상하게도 Y 과장이 언급한 S사가끌렸고, 결국 최종으로 선택한 회사가 되었다.

　S사는 Project Finance팀 안에 선박금융이 속해 있었고, 팀의 책임자인 P 팀장님은 국내 명문대학을 졸업 후 K2 은행과 민간 운용사에서 근무하셨던 ECA 전문가였다. 한국 선박금융 담당자는 일본 명문 G 대학교를졸업한 일본인 W 대리였는데, 한국에서 오랫동안 근무해서 그런지 한국어가 아주 자연스러웠다. S사는 일본계 은행이었지만 선박금융 부문에서는 일본계라기보다는 유럽계였다. 임원진부터 실무진까지 전원 유럽 선박금융 전문 인력을 스카우트하여 막강한 업무체제를 구축하고 있

었고, 선박금융 부분에서는 적수가 없었던 아시아 최고의 선박금융 은행이었다. 회사는 미래를 내다보며 그들 밑에서 업무 노하우를 습득시키기 위한 정도의 일본 직원들만 유럽 전문가들 밑에서 근무시켰다. 권한과 기득권을 넘긴다는 것이 우리나라 은행에서는 가능할까? 기득권 밑으로 외부 전문가들이 채용되어 노하우 전수와 업무 발전은 고사하고 외부 전문가들 스스로가 기득권의 벽에 부딪혀 조직에서 튕겨 나가는 구조가 대부분일 것이다. 단연코 S사는 한국의 은행들과는 수준 차이가 너무 큰 은행이었다.

S사의 경우 한국에 대한 선박금융 투자는 싱가포르 선박금융 본부에서 일차적으로 통제를 했고, 그 후 다시 유럽 본부에서 총괄 통제를 하는 방식으로 업무를 진행했다. 선박금융에 투자하려면 싱가포르와 유럽에서 승인을 받아야 했다. 은행 내부 전산 시스템에는 미팅 일지 아래 각종 내용이 아주 세세하게 잘 정리가 되어 있어 유익했다. 연도별, 일자별, 회사별로 깔끔하게 정리되어 있어 언제든 거래 상대방이 무슨 말을 했고, 과거 빼앗겼던 선박금융은 어느 은행이 어느 정도의 금리로 가져갔는지, 무슨 요구를 했는지, 모두 확인 가능했다.

S사에 근무하는 동안 해운 기업 S사의 핸디사이즈 벌크선 세 척, H사의 케이프사이즈 벌크선 두 척, 또 다른 H사의 케이프사이즈 벌크선 두 척에 대한 신조 선박금융을 지원했으며, KEIC와 연결된 Covered Loan 업무도 경험했다. 리먼 브라더스 사태도 S사에서 근무하는 도중에 겪은 일이었다. S 기업에 추가적인 선박금융을 지원하기 위해, 신용신청서 양식을 작성하는 도중 터졌다. S사는 발 빠르게 기존 대출자산에 대한 리스

크 관리 작업을 진행했다. 그즈음 한국의 상업 은행들은 당시 사태의 심각성을 인식하지 못했으며, 정보 습득 및 대응도 대단히 늦고 미흡했다. 우리나라 최고 신용도의 은행이자 국책 은행인 K 은행의 5년물 조달금리가 L+650bps를 상회했다.

일반적으로 외국계 은행은 극히 일부 상위 등급인 국내 해운사에만 선박금융을 지원한다. 그 또한 A급 화주의 장기 화물 운송 계약이 없다면 선박금융 지원을 거부한다. 이러한 사실을 모른 채 국내 선사들은 외국계 은행에 쉽게 접근할 수 있을 거라는 착각을 한다. 하지만 신규 업체라면 3년에 걸쳐 매해 거래처 인정 승인을 얻어야 하고, 3년이 지난 후 은행 내부의 승인을 받아야 아주 작은 투자나마 받을 수 있다. 그런 만큼 당시 S사에서 선박금융을 지원받았던 국내 해운사라면 곧 국내 최고의 해운사 중 하나로 인정받았다는 의미였다. 알 선생이 외국계 은행에서 일해 보니, 그나마 프로젝트 기반으로 지원을 결정하는 등 선박금융 조건에 관대했던 외국계 은행이라면 DVB은행 정도가 있었을 뿐이었다.

12. KS펀드 그리고 알 선생

선박펀드의 대명사는 노르웨이의 KS펀드와 독일의 KG펀드이다. 한국의 SIC펀드도 두 펀드를 벤치마킹했다. KS펀드는 선가의 90~100% 금융을 제공한다. 그러나 CAPEX금리는 약 10%에 육박했다. 자기자본이 없어도 금융 지원은 되지만 대신에 기업의 스토리를 중요하게 보는 만큼 스토리가 있어야 한다.

알 선생은 S사에 근무하는 동안 환율 차를 이용해 수익을 극대화하는 KS의 독특한 수익 구조를 알 수 있었다. 자국에서 크로네로 금융을 일으켜 달러를 지원하는 구조였다. 엔 캐리와 비슷한 구조였다. 역사가 오래된 만큼 노하우가 대단했다. S사가 무너지자 곧바로 선박 회수 액션에 들어갔다. 전문가 집단이어서 신속하고 정확했다. 선박 및 해운 관련 전문 변호사도 있었고, 경험과 노하우가 많은 인적 구성에 정말 대단함을 느꼈다.

다소 우스울 수 있지만, 당시 KS펀드를 통해 10여 척의 선박금융을 조달하면서 국내 중소 선사에 KS펀드 금융 브로커 노릇도 했다. 커미션을 좀 받았어야 했는데, 공짜로 중계 업무를 해 주었다. 순수했던 시절이었다. 다만 선가의 100%까지 선박금융을 지원해 주는 대신 금리가 높았다. 물론 신뢰도가 쌓이면 지원금리는 빠른 속도로 내려갔다. S사도 첫 1호선은 11%의 금리였지만, 마지막에 조달한 선박금융 금리는 7%까지 떨어졌다. KS펀드 운용사와 일하며 금융은 역시 사람이 하는 일이라는 것을 새삼 느꼈다. 동시에 KS펀드를 이용해 선박을 늘렸던 중소 선사들이 리먼 브라더스 사태 후 대부분 법정관리 및 청산을 신청했던 것을 보며 안타까움도 느꼈다.

13.   성공한 중소 선주사(Tonnage Provider)에 관한 생각

　중소 해운사는 신용도가 낮아서 선박금융 금리가 높고 금융기관으로부터 대우받지 못하는 경우가 대부분이다. 하지만 프로젝트를 검토하다 보면 기가 막힌 중소 선사를 가끔 발견한다. 주로 그리스와 일본 선사가 많은데, 그들의 부채 비율과 현금 흐름을 보면 그 수치가 너무 아름다워 매혹되곤 했다. 한국에도 그런 선사가 몇 군데 있었다. 대표적인 회사가 S사와 J사였다. 두 회사의 공통점은 시황이 폭등하면 적정 시점에 선대를 모두 정리했다는 점이다. 그리고 정점에서 시황 폭락 시까지 해운업을 정리하면서 마치 시장을 떠난 것 같은 태도를 보였다.

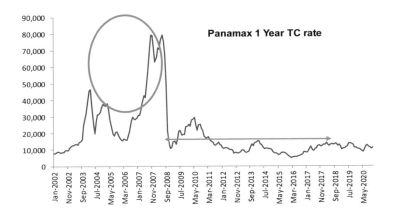

Panamax 1 Year TC rate

　이러한 중소 선주사의 특징은 LTV를 40~60% 이하로 가져가는 전략을 구사한다는 데 있다. 그래야 CAPEX가 낮아져 더 안정적인 프로젝트에 선박을 투입할 수 있다. 이후 일정 시점에서 선박을 매각하면서도 IMO 규정에 문제가 없는 5년 미만의 중고선 또는 신조선을 지속해서 확보해 가며 미래에 찾아올 호황을 기다린다. 더불어 오랜 파트너 관계로 맺어진 선박관리 회사를 통해 OPEX 절감 및 선박관리 경쟁력을 확보하고, 안정적인 현금흐름과 부채 비율을 만들어 금융기관들로부터 낮은 금리로 선박금융을 조달한다.

이 같은 해운사들은 CEO가 선박투자에 대한 확고한 철학을 가지고 있었으며 해운업에 정통했다. 또한, 선장과 기관장을 직접 고용하는 방식으로 운영하였으며 혹시 선박관리를 직접 하거나 아웃소싱Outsourcing을 하더라도 능력 있는 선대감독을 직접 고용하여 선박관리에 신경 썼다. 우리나라 해운사도 그런 점을 벤치마킹하여 앞으로 과도한 레버리지 전략은 지양했으면 한다.

14. 선박펀드 사망 선고! 그 원인과 해결 방안

2000년대 중반 K사에서 일했을 때다. 여러 증권사 분들이 돌아가면서 알 선생에게 식사와 술을 사 주시면서 너도나도 선박펀드 물량을 본인들 증권사로 달라고 사정하던 시절이었다. 지금은 상상도 하기 어려운 상황이지만, 알 선생은 증권사들의 그런 접대가 영원할 것이라고 생각했다. 증권사들이 서로 총액인수를 하겠다고 경쟁했고, 인수금리도 낮추었다. 그야말로 선박펀드의 전성기였다.

개인 투자자들은 수시로 알 선생에게 전화해서 구조의 안정성과 수익성에 관해 문의했다. 그중에는 퇴직하신 분들이 가장 많았다. 선박펀드의 분기별 배당 방식이 퇴직 후 생활비를 운용하는 데 아주 적합하다는 칭찬과 함께 투자할 선박펀드의 안정성에 대해 거듭 질문을 해 오셨다. 투자금이 잘못되면 본인들은 폐지나 주우러 나가야 한다며, 늙고 몸이 아파 더는 일을 할 수 없으니 투자금을 날리면 굶어 죽을 수밖에 없다는 등의 걱정도 하셨다. 알 선생이 선박펀드 조성 및 프로젝트 검토에 보수적으로 접근했던 것도 그런 이유에서였다.

수익성 때문이든 안정성 때문이든 당시 선박펀드는 너무도 인기가 좋아 신규 펀드를 내놓을 때마다 곧바로 물량이 전액 소진되었다. 하지만 문제가 시작된 것은 그때부터였다. 선박투자 전문기관인 선박 운용사에서 제공하는 물량이 투자자들의 수요를 충족시키지 못하자 증권사와 일반 운용사까지 나서서 선박펀드를 조성하기 시작했다. 선박금융과 관련 없는 주체들이 시장에 들어와 선박펀드를 마구 쏟아내었던 것이다. 그들은 국내 명문대학을 졸업했거나 해외 명문 MBA를 졸업한 화려한 이력의 금융쟁이들이었지만 선박금융 전문가가 아닌 기업금융이나 부동산 투자를 하던 사람들이었다. 당연히 그들이 내놓은 선박펀드 상품들은 매우 위험했다. 물론 해운 시장이 활황이었기에 1~2년간은 문제가 없었다. 덕분에 그들은 막대한 인센티브를 챙겨 다른 운용사나 증권사로 스카우트 되었다. 알 선생이 그들에게서 새로 받은 명함에는 몇 단계 높은 직함이 적혀 있었다. 그리고 풍문을 통해 그들이 엄청난 액수의 인센티브와 연봉을 받았다는 이야기가 지속해서 들려왔다. 선가와 운임이 너무 폭등한 탓에 불안하고 위험한 선박펀드를 도저히 구성할 수 없었던 알 선생은 그런 위험에도 아랑곳없이 수익을 얻어 간 그들에게 질투와 부러움을 동시에 느꼈다. 반면, 한편으로는 그들의 영혼 없는 투자 행태에 분노도 치밀어 올랐다. 호황이 끝나고 불황이 시작되면 투자자들이 막대한 손실을 볼 게 뻔했으며, 선박펀드 시장이 완전히 망가질 것도 너무나 자명했기 때문이다.

비단 캐피털 시장만의 문제가 아니었다. 국내 은행들도 문제는 심각했다. 외국계 은행과는 달리 국내 상업 은행들은 2~3년 주기의 순환 보직 제도가 있어 선박금융 담당자들이 계속해서 바뀌었다. 10년을 해도 어려운 것이 선박금융인데, 그들은 1~2년 업무를 해 보고 선박금융이 쉽다고 떠들었다. 정말이지 경박스럽고 무식하고 어리석어 보였다. 척당 1억 달러 이상의 VLCC와 케이프 벌크선 수십 척에 대해 선박당 90~100% 선박금융을 지원했고, 그들은 곧 승진해서 다른 부서로 떠났다. 거기에 더해 일부 은행 지점장들도 문제였다. 그들은 기업금융 접근 방식으로 선박금융을 지원했다. 정년이 얼마 남지 않은 분들이었기에 실적이 중요했고, 선박금융에 무모할 정도로 과감했다. 예를 들어 정년은 4~5년이 남았는데, 체결된 용선 계약이 7년 이상 남아 있으면 선박의 가격과 용선 기간 후 잔존가액, 해운 시장 및 선가 전망 등은 전혀 신경을 쓰지 않고 경솔하게 선박금융을 지원했다. 물론 발생한 부실은 남아 있는 자들의 문제였을 뿐이다.

선박투자는 생각보다 위험하고 어렵다. 그렇기에 반드시 선박투자에 해박한 전문가가 선박펀드를 조성해야 한다. 선박투자를 하려면 선박, 금융, 회계, 세무, 해상법, 국제법, 해상보험, 해운 시황 등 해운업 전반에 걸친 이해를 갖춰야 한다. 알 선생이 경험해 본 바에 따르면, 최소 10년 이상 선박투자 업무를 수행해 봐야 비로소 안정된 상품을 구성할 수 있다. 그 과정에서 호황과 불황, 해운사의 법정관리와 파산 등의 한 사이클을 전부 경험해 봐야 한다. 하지만 당시 해운 시장에는 모두가 선박금융 전문가인 양 펀드를 구성해 팔아 댔다.

당연한 얘기지만 그것은 불행의 시작이었다. 영원할 것 같았던 해운 시황은 리먼 브라더스 사태 이후 처절하게 붕괴하였다. 국내 상업 은행들은 선박금융에서 수조 원씩 손실을 봤다. 당시 국내 은행 선박금융 담당자들에게 가장 많이 들었던 이야기가 있다. 선박금융에 대해 잘 알지도 못하면서 마구 질러 놓은 전임자들은 전부 퇴직하거나 임원으로 승진했는데, 아무런 책임이 없는 본인은 그 사람들이 남긴 금융 부실의 뒤처리나 하고 있으니 사는 게 너무 괴롭다는 하소연이었다. 스트레스와 업무 과중으로 사표를 내고 싶다는 은행원들을 정말 많이 만났다. 물론 부실 처리가 꼭 나쁜 것만은 아니다. 수많은 부실 자산을 처리하는 과정에서 선박금융 부실처리 전문가들도 양성되었다. S 은행의 Y 지점장이 대표적이었다. 그분도 뒷수습 때문에 고생을 많이 하셨지만, 지금은 국내 최고의 선박금융 전문가가 되었으며 그 전문성을 기반으로 후배들을 위해 논문도 쓰고 강의도 하고 있다.

은행보다 더욱 심각했던 곳은 자본 시장이었다. 시장에는 투자자들의 원망과 분노 그리고 슬픔이 가득했다. 마음이 여리거나 책임감이 강한 펀드매니저분들은 스스로 삶을 포기하시기도 하셨다. 가슴이 아팠다. 선박펀드에 투자하신 은퇴자분들의 생계도 걱정되었다. 인기 상품이었던 선박펀드가 최악의 쓰레기 부실 상품으로 평가되는 데 걸린 시간은 2~3

년이 채 걸리지 않았다. 그렇게 망가진 선박펀드 이미지와 신뢰도는 13년이 지난 지금도 회복되지 않고 있다.

2000년대 중반만 해도 선박펀드는 은퇴 세대에게 아주 좋은 투자처였다. 분기별로 배당을 받기 때문에 은퇴 후 주기적으로 생활비를 확보하기에 너무도 좋은 상품이었다. 알 선생은 그때처럼 선박펀드가 다시 날아오를 수 있다고 확신한다. 대부분의 선박펀드는 중장기 펀드로, 은퇴하신 분들의 자금 운용 니즈에 정확히 부합된다고 생각한다. 물론 그러기 위해서는 잃어버린 신뢰와 믿음을 되찾아야 한다. 증권사와 자산운용사에서 전문가를 채용하고 양성하여 명품 선박펀드를 조성하면 다시 과거의 영광을 되찾을 수 있다고 확신한다. 소신 있고 유능한 진짜 선박투자 전문가에게 권한을 주고, 꾸준히 투자자에게 믿음을 준다면 돈은 다시 선박투자 쪽으로 흘러들어 올 수 있다. 알 선생이 경험한 바에 따르면 금융은 결국 사람이다. 시스템이 아니다. 실적에 쫓겨 악마에 영혼을 팔지 않을 진정한 선박투자 전문가를 양성하는 게 중요하다.

알 선생은 2009년부터 현재까지 선박펀드를 100여 개 정도 조성해 보았다. 그간 단 한 개의 펀드에도 손실이나 부실이 없었으며 꾸준한 수익을 내고 있다. 절대 조급해선 안 된다. 명품 선박펀드를 하나하나 만들어나가다 보면 입소문이 나고, 우량 금융사와 물주들에게서 연락이 오면서 조달 비용이 낮아지기 마련이다. 처음에는 잡스러운 프로젝트들도 들어오지만, 그런 것들은 시간이 지날수록 걸러지고 안정적인 프로젝트로만 연락이 온다. 가장 중요한 것은 기준을 잡고 본인의 길을 묵묵히 가야 한다는 것이다. 다른 운용사나 증권사가 생존과 실적 그리고 태생적 한계 때문에 위험한 선박펀드를 쏟아 내고 시장 점유율을 독식해도 동요하지 않고 소신으로 정립한 투자 원칙과 철학을 지키면 종국에는 투자자들로부터 인정받는다.

노동 인구가 줄고 있다. 국내 대학에서 매년 지원 미달로 몸살을 앓고 있는 것을 보면 너무나도 자명한 사실이 된 것 같다. 그러나 더 무서운 것은 이제 시작이라고 한다. 알 선생이 대학을 들어갈 때 대입 지원자가 100만 명 이상이었다. 올해 50여만 명이었던 대입 지원자 수가 2년 이내에 40여만 명 이하로 줄어든다고 한다. 또한, 출산율도 줄어서 초등학교 교실마다 학생이 없어 난리라고 한다. 젊은 세대가 사라지고 있다. 일본의 사례와 인구 구조 변화를 살펴볼 때 한국의 은퇴 세대가 가장 선호하던 부동산 투자가 앞으로도 계속 믿을 만한 투자처가 되리라는 보장이 없어지고 있다. 제대로 된 선박금융 전문가들이 업계에서 활동하며 신뢰를 구축한다면 선박투자가 그 대안이 될 수 있다.

Shipping is a cyclical industry! 이 말을 절대 잊어서는 안 된다. BBCHP와 TC 상품을 분석하여 채권형과 주식형 펀드를 시장에 내놓는 것도 한 방법이라고 판단한다.

15. 법정관리 경험

2010년 알 선생은 A 해운이 법정관리에 들어갈 것을 믿어 의심치 않았다. 사내 핵심 직원들이 계속해서 이직했고, 업계 선후배들도 A 해운에 대한 부정적인 이야기를 끊임없이 쏟아내고 있어서였다. 그러나 A 해운은 용선선과 선박들을 엄청나게 발주하고 있었다.

이상한 것은 소문과 달리, A 해운에 대한 감사 보고서는 계속 좋은 수치로 채워져 발표되는 것이었다. 해운사에서 근무했던 경험을 통해 해운사 재무제표는 절대 믿어서는 안 된다는 것을 알고 있었지만 그런 알 선생의 신념을 지키기란 쉽지 않았다. 결국, 여러 이유로 선박금융 집행이 이루어졌다. 그나마 다행인 것은 선가가 높은 대형선들은 거르고 범용성이 있고 선가 변동 폭이 상대적으로 적은 수프라막스 선박 다섯 척에만 선박금융을 지원하기로 했다. 사실 그마저도 중국 조선소에서 건조하는 선박이라 선박 상태에 매우 의구심이 들었고 그래서 알 선생은 A 해운에 대한 선박금융 지원하는 것이 탐탁지 않았다. 하지만 어디 세상일이 내 마음대로만 되었던가. 가격의 변동 폭이 큰 대형선을 거른 것만으로도 다행이라 여기며 금융 지원을 했다.

결국, A 해운은 2011년 1월 25일 법정관리를 신청했다. 10시쯤인가 싱가포르 DVB은행의 마타인에게 전화가 왔다. 그날 우리 팀은 강남의 한 사무실에서 상황 보고서 작성 업무로 날을 새야 했다. 알 선생은 외국계 은행에 법정관리 신청 사실을 먼저 통보한 A 해운의 행위에 기분이 좋지 않았다.

더 화가 났던 것은 A 해운이 법정관리 신청 관련 정보 및 자료 제공에 소극적이었다는 점이었다. A 해운 직원에게 자료를 요청했다가 막말도 들었다. 분노가 치솟았다. 법정관리 신청 후 금융기관은 철저히 약자다. 마음을 가다듬고 약자인 알 선생은 A 해운의 착하고 순한 R 대리님께 다시 전화를 드려 자료를 요청했다. 그나마 R 대리님이 있어 다행이었다. 이전에 기획팀에 계시던 능력 있고 인성 좋은 분들은 대부분 회사를 떠난 상태였고, A 해운 관련 업무로 정상적인 대화가 가능했던 몇 안 되는 분 중 한 분이었다. 지금은 팀장님이 되셨는데, 알 선생은 아직도 그 당시의 R 대리님께 고마운 마음을 간직하고 있다. 그때의 그 겸손함과 순수함을 계속 유지해 주셨으면 좋겠다.

A 해운의 법정관리 신청 후 계속했던 걱정은 회생 계획안의 공익채권 명단에 우리 선박들이 편입될지 여부였다. A 해운 측에서는 편입시킬 것 같다는 이야기를 해 주었지만, 실제로 제출된 회생 계획안을 직접 확인하기 전까지는 마음을 놓을 수 없었다. 다행히 A 해운의 회생계획 안에 해당 수프라막스 선박 네 척이 공익채권으로 편입되어 있었다. 너무도 감사했다. 선가는 폭락해서 대출 잔액보다 훨씬 아래로 빠져 버렸지만, TC Rate는 Daily USD 18,000 수준이었고, CAPEX와 OPEX의 합은 약 Daily USD 14,500 수준이었다. 아마도 운항 수익이 나왔기에 공익채권으로 편입시킨 것 같았다. 그렇게 한차례 폭풍은 지나갔지만, 알 선생은 계속 걱정이 되었다. 선가가 더 떨어지고 TC Rate까지 빠져 버린 탓에 이후로도 공익채권에서 제외되지는 않을까 끝까지 신경이 쓰였다.

우려는 현실이 되었다. 2012년 10월 22일 월요일 A 해운의 대표이사가 미팅을 요구했다. A 해운은 해당 수프라막스 벌크선 네 척을 공익채권에서 빼려고 했다. 해당 선박들 때문에 A 해운의 M&A의 진행이 순조롭지 못하다며 해당 선박들을 공익채권에서 뺐으면 한다는 의견이었다. 한동안 그 일로 극심한 스트레스에 시달렸다. 그래도 스트레스를 받았던 대가는 있었다. 공익채권 유지에 성공했고, 시간이 지나 2013년 10월 A 해운은 S 그룹에 인수되었다.

A 해운 법정관리 경험으로 알 선생은 다시 한번 깨달았다. 해운사의 재무제표는 절대 믿을 게 못 되고, 제일 정확한 정보는 내부 인력들과 브로커들, 선박관리 회사 직원들, 그리고 벙커링 업자들에게서 얻는 정보라는 것을 말이다. PM과 RM이라면 시장에 돌아다니는 루머는 믿어도 재무제표 숫자를 믿어서는 안 된다. 믿을 수 있는 사람 입에서 나온 정보를 얻어야 한다.

이후 알 선생은 두 번째 법정관리 신청을 경험했다. 2015년 당시 S사가 매우 어려운 상황에 직면했고, 머지않아 법정관리를 신청할 수도 있을 것 같다는 생각이 들었다. 그렇지만 알 선생이 S사에 선박금융을 지원하기로 결정했던 데에는 나름의 이유가 있었다. S사는 운임이 좋은 발전 자회사 CVC 계약을 다수 확보하고 있었고, 금융 지원 대상인 선박들 역시 해당 계약에 투입되는 선박들이어서 차후 법정관리에 들어가도 공익채권으로 편입될 가능성이 매우 컸기 때문이었다. 마침 내부에서도 중소 선사를 적극적으로 지원하라는 지시가 있었던 만큼 2척의 파나막스 벌크선에 대해 선박펀드 조성 업무를 진행했다.

과거에는 프로젝트를 혼자 진행했기에 무척 힘이 들었으나, 당시에는 W 회계사가 옆에 있어 업무가 수월했다. 외고와 국내 명문대를 졸업하고 해병대를 나온 W 회계사는 업무 역량은 물론 인성도 훌륭했다. 그가 있어서 모든 일은 빠르고 정확하게 진행되었다. 문제는 선순위 대주를 구하는 일이었다. 해당 파나막스 두 척을 시장 선가의 150% 이상으로 지원하는 프로젝트였는데, 선순위 대주를 구하기에는 S사 재무제표와 각종 수치가 엉망이었다. 그런 조건으로 선순위 대주를 구한다는 것은 거의 불가능에 가까웠다. 국내 은행들에 접촉하긴 했으나 이미 리먼 브라더스 사태로 수천억에서 수조씩 손실을 본 상태여서 선박금융은 검토 자체가 불가능했다. 믿을 곳은 외국계 은행뿐이었다.

   대상 해운사가 중소 해운사였기에 접근할 수 있는 외국계 은행은 DVB와 Nord LB 정도였다. 그래서 두 은행에 부탁했지만 Nord LB에는 큰 기대가 없었다. 외국계 은행에서 신용거래 승인을 받는 것 자체가 쉽지 않다는 것을 잘 알고 있었기 때문이다. 예상대로 Nord LB는 심사를 중도에 포기했다. 그래서 DVB에 두 척의 선순위 대출을 요청했다. 하지만 DVB와의 접촉도 문제가 있었다. 그동안 도움을 많이 받았던 마타인은 승진 후 DVB 뉴욕에 Managing Director로 근무 중이어서, DVB 싱가포르에 협조를 요청할 수 있는 사람이 없었다. 과거 마타인이 있을 때는 모든 DVB 내부 심사 자료를 직접 만들어 처리해 줬으나, 마타인이 없으니 DVB 측에서는 알 선생에게 끊임없이 심사 관련 자료를 요청해 왔다. 그로 인해 DVB에서 신용도 심사가 매우 더뎠다. 밤과 주말에도 계속 자료를 만들어 제출했다. 무슨 부귀영화를 누리겠다고 이 짓을 하고 있는지 신세가 처량하다 느꼈다. 동시에 거래처에 어떤 사람이 있느냐가 정말 중요하다는 것을 절감했다. 결국, 승인이 위태로워지자 알 선생은 긴급히 뉴욕에 있는 마타인에게 SOS를 쳤다. 역시 마타인은 세계 최고의 선박금융인이었다. 그가 도와주자 부결될 것 같았던 대출이 승인되었다. 다시 한번 알 선생은 느꼈다. **금융은** *사람이다.*

선순위 대출 자금이 확보되자 이번에는 CVC 양도가 문제였다. 해운 생태계 최고의 갑 님인 화주님들께 CVC 양도 동의를 받아야 했다. C 팀장님과 알 선생은 여러 차례 화주님들을 방문, 간곡히 부탁을 드렸다. 쉽지 않을 거라 생각했지만, 정말 쉽지 않았다. 알 선생이야 민간 운용사에서 근무했던 적이 있어 "병丙" 취급을 많이 당해 봤지만, 당시까지 좋은 직장만 다니셨던 C 팀장님이 걱정이었다. 하지만 잘 버텨 주셨고, 시간은 걸렸지만 고맙게도 갑 님들께서 CVC 양도 동의를 승인해 주셨다.

그처럼 어렵게 조성한 선박펀드였지만 몇 개월을 버티지 못했다. S사는 자금을 지원받은 그해 가을, 결국 법정관리를 신청했다. 허망했다. 회사에서는 ○ 이사님을 비롯해 부서장인 ○ 부장님의 엄청난 샤우팅을 동반한 질책이 알 선생에게 쏟아졌고, 우리 팀은 주말 내내 급히 상황 보고서를 작성해야 했다. 그때의 스트레스와 괴로움은 말로 표현하기 힘들 정도였다. 주위의 비난과 눈초리도 견디기 쉽지 않았다. 발전자회사 CVC를 양도받았기에 펀드 상환에는 문제가 없다고 수도 없이 말씀드렸지만 질책은 멈추질 않았다. 두 번 다시 선박펀드를 조성하고 싶지 않았다. 특히 ○ 이사님의 질책이 너무도 견디기 힘들어 하루는 장문의 카톡을 ○ 이사님께 보내기도 했다. 그래도 ○ 이사님의 질책은 멈추지 않았다.

실제로 해당 선박들과 CVC는 S사의 핵심 자산이자 캐시 카우^{Cash Cow}여서 회생 계획안에 공익채권으로 당연히 들어갔고, 나아가 회생 계획안이 통과됨에 따라 정상 상환도 이루어졌다. 그 후 S사의 주식은 D사에 인수되어 지금까지 순항 중이다. 그래서 더욱 ○ 이사님의 끊임없는 질책에 모멸감을 느꼈다. 하지만 인간은 망각의 동물이라 했던가. 모멸감을 느낀 그 후에도 알 선생은 계속해서 K사에서 선박펀드를 조성했다. 돌이켜 보면 좋은 경험이었고 내공 증진에 큰 도움이 되었지만, 다시는 경험하고 싶지 않다. 해당 선박펀드는 K사가 조성한 선박펀드 중 현재까지도 가장 많은 수익을 거두고 있다. 알 선생이 그렇게까지 모욕을 받았어야 했을까? High Risk, High Return이다.

16.   재금융(Refinancing)! 끝날 때까지 끝난 게 아니다!!

알 선생은 대형 선사의 선박금융 만기일이 도래하면 심각하게 걱정을 하지 않지만, 중소 선사의 선박금융 만기일이 도래하면 항상 걱정과 긴장을 한다. 중소 선사들이 만기 시점에 금융을 조달하지 못해 심각한 경영 위기에 처한 경우를 정말 수도 없이 많이 경험했기 때문이다. 따라서 중소 선사의 경우 만기일이 임박해서 재금융을 실행하는 것은 매우 현명하지 않다. 승인된 금융도 자금 집행 전까지는 언제든 집행이 거부될 수 있다. 금리가 낮고 선박금융 조달이 가능할 때면 신속히 재금융을 실행해야 한다.

은행 지점장이나 RM들의 이야기를 100% 신뢰해서는 안 된다. 은행 내부 심사 담당자들이 어떠한 생각과 기준을 가지고 있을지도 모르고, 승인이 날지도 확신할 수 없다. 승인이 난다고 해도 금융 시장이 급변하면 언제든 집행이 거부될 수 있다. 항상 만약의 사태에 대비해야 한다.

그래서 수도 없이 해운사 담당자들에게 말했다. 금융기관 한 곳의 말만 믿지 말고 Plan B와 C를 준비하라고. 그래도 담당자들은 걱정하지 마시라며 웃었다. 하지만 막상 만기일이 도래하면 사색이 되어 알 선생을 찾았다. 정말 답답했다. 끝날 때까지 끝난 게 아니다! 항상 Plan B와 C를 준비해야 한다.

17.   중장기 TC 체결 현명한가?

행동재무학의 손실 회피성과 확실성 추구 이론에 따르면 수익을 창출하고 있을 때 인간은 안정성을 추구하는 심리가 있다. 그래서인지 운임 가격이 높을 때 선사들은 중장기 TC를 엮어 운임이 하락할 경우를 대비하려는 경향이 있다. 실제로 2006에서 2008년 중순까지 많은 선사가 중장기 TC 계약을 체결하기도 했다.

알 선생이 경험한 바에 비추어 볼 때, 사실 그 전략은 현명한 전략이 아니었다. 국내 및 해외 선사 중 많은 곳이 호황기에 체결한 중장기 TC 계약 때문에 막대한 손실을 봤기 때문이다. 중장기 TC를 맺으면 단기 수익 극대화는 누리지 못하고, 시장보다 훨씬 낮은 수준의 수익만 거둘 뿐이다. 또한, Charter Chain의 중심에 있는 대형 해운사들의 경우 해운 시장

하락기에 맥없이 무너져 버리며, 청산 또는 법정관리 신청 시 상대적으로 용선료가 높은 호황기 용선 계약 체결 선박들이 공익채권으로 편입될 확률은 매우 낮다. 국내 해운사를 보더라도 리먼 브라더스 사태를 겪으면서 최상위 해운사들 대부분이 파산 또는 법정관리를 신청했다. 이런 이유로 차라리 단기 TC 계약으로 최대 효익을 누리는 전략이 바람직하다.

　물론 장기 TC가 효과적인 경우도 있다. 안정적인 화주의 믿을 만한 장기 화물과 엮인 TC는 문제가 없다. 예를 들어 S 해운은 국내 발전자회사와 체결한 15년짜리 발전용 탄Steaming Coal 장기 운송 계약을 가지고 있었고, D사는 S 해운에 케이프사이즈 벌크선을 15년 장기 TC로 제공했다. S 해운은 과도한 용선 선박들과 높은 원가의 자사선 때문에 법정관리를 신청했지만, 해당 선박은 높은 TC Rate에도 불구하고 공익채권으로 편입되었다. D사는 해당 장기 TC 계약 덕분에 안정적인 수익을 확보한 경우였다. 그처럼 장기 TC가 효과적인 경우도 있으나 일반적으로는 신중을 기해야 한다.

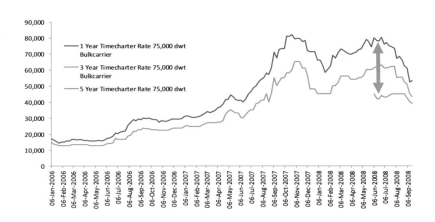

리먼 브라더스 사태가 터지고 난 후 많은 해운사가 사라지거나 법정관리 아래 놓였다. 그런데 해운 시황이 폭락한 후 역으로 수익성이 대폭 개선된 회사들도 간혹 있다. 해운 호황기 때 장기 COA나 CVC를 확보한 해운사들이 그 주인공이다.

알 선생은 파나막스 TC Rate가 Daily USD 7~8,000 수준일 때 가지고 있던 CVC나 COA의 TCE가 15,000~30,000 수준인 계약으로 중고선을 매입하던 해운사에 여러 차례 선박금융을 지원한 경험이 있다. 그런 경우 편안한 마음으로 금융 지원을 해 줄 수 있었고, 해운사가 싼값에 중고선을 확보하는 모습을 보며 매우 흐뭇했고 보람을 느꼈다.

호황기에 맺은 COA나 CVC 계약의 경우, 해운사가 시장에서 단기로 용선을 하거나 보유 중인 노후 선박을 이용해 최대한 손익분기점을 맞추려 노력하지만, 결코 쉽지 않다고 한다. 운송 시작 후 1~2년 정도는 역마진을 각오하고 입찰에 뛰어들어 일정 기간 인내할 수 있어야만 막대한 수익을 얻거나 금융이 모두 상환된 선박을 건질 수 있다고 한다. 알 선생은 국내 해운사가 이러한 계약으로 중고선 한 척을 구입한 후 2년 만에 선박 구입 자금 모두를 상환한 케이스도 경험했다.

해운 호황기 시절에는 COA나 CVC의 TCE 수준이 매우 낮다. 따라서 중소 선사도 입찰 시 상대적으로 장기 화물 운송 계약을 확보하기 쉽다. 선박 건조 기간까지 고려하면 해운사는 실제 운송 시작 시점까지 시간도 확보할 수 있다. 해운 시장이 폭락할 경우 선박 펀드매니저는 재빨리 이러한 장기 운송 계약을 가진 해운사들에 마케팅 역량을 집중해야 한다.

선가가 폭락한 탓에 대출 잔액이 선가의 100%를 훨씬 상회하는 선박들도 존재한다. 이런 선박들은 대출 만기가 되어 재금융할 때 시장 선가를 고려 사항에서 배제하고 금융 지원을 할 필요가 있다. A등급 화주의 장기 화물 운송 계약을 보유한 선박은 시장 선가 이상의 금융을 받을 만한 충분한 가치와 자격이 있기 때문이다.

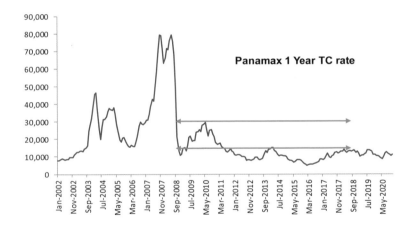

19. 컨테이너(Container) 선박도 S&P가 되네?

국제적으로 유명한 해운 기업 C사는 2020년 7월, 15년 연령의 6,350 TEU 컨테이너 선박을 각각 USD 9.6M과 USD 10.5M에 구입한 후 2020

년 12월에 각각 USD 24.5M과 28.5M에 매각했다. 5개월 만에 척당 약 150~200억 원 이상의 양도 차익을 챙겼다. 알 선생이 만약 350억 원을 번다면 바로 회사에 사표를 던지고, 부서 전체에 소고기 회식을 시켜 주고, 세계 일주 크루즈 여행 탑승권과 순금 열쇠를 하나씩 선물하겠다는 생각을 해 봤다. 상상만 해도 행복했다.

한편 절대 망하지 않을 것이라고 보았던 회사도 있었지만 보기 좋게 예상을 빗나갔던 경우도 있었다. H사가 그 주인공이었다. 리먼 브라더스 사태 이전만 해도 H사의 중장기 선박금융 조달금리는 L+50bps 이하였으며, H사 선박금융 담당 임원과 미팅 약속을 한번 잡기가 하늘의 별 따기 정도로 어려웠을 만큼 대단한 회사였다. 하지만 독보적 1위의 해운 기업이었던 H 해운도 결국 2016년에 법정관리를 신청했고, 그 후 파산이 결정되어 지구상에서 사라져 버렸다.

H사가 붕괴하자 많은 해운 인력과 전문가들이 실업자로 내몰렸으며, 보유했던 선박들도 헐값으로 시장에 쏟아져 나왔다. 정말 고맙게도 2017년 상반기에 S사가 H사의 실업자들을 받아들였고, H사가 보유했던 10여 척의 선박들도 사들였다. S사는 H사의 2008년산 6,650TEU 선박도 서너 척 구입했다. 해당 선박들은 2020년 상반기에 상당한 S&P 수익을 남기며 척당 약 USD 20M로 K사에 매각되었다.

재미있는 일화도 있었다. K사 담당 임원이 선박 인수 클로징 미팅 때 CEO로부터 비싼 값에 선박을 매입했다고 질책을 받았다며 알 선생에게 하소연했다. 물론 당시는 다음 그래프에서 보듯이 잠시 선가가 급락하던 시기였다. 하지만 해당 선박들은 현재 척당 USD 50M 이상으로 평가되고 있다. 특별 보너스를 받으셔도 모자랄 일로 질책을 들으셨던 것이다.

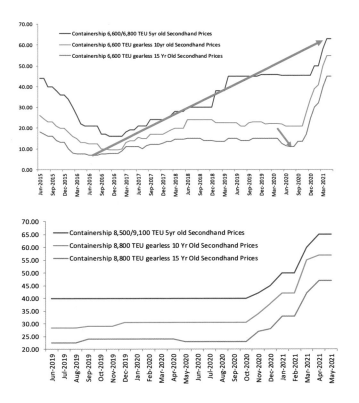

나아가 S사는 H사로부터 2017년 상반기에 2011년산 8,600TEU 선박 세 척을 척당 약 USD 24.5M에 매입해 운영했다. 운영 중 선가가 오르자 S사는 척당 약 백억 원 상당의 차익을 남기고 해당 선박들을 중국 리스사에 매각했다. 해당 선박들의 현재 시장 가격은 USD 65M 이상을 기록하고 있다.

COVID-19의 여파가 컨테이너 선가를 이렇게 높일지는 아무도 몰랐다. 사람들이 집에서 온라인 쇼핑을 하는 바람에 가사용품 구매량이 폭증하여 컨테이너선 운임 및 선가가 상승했다고 한다. 문제는 컨테이너선 호황이 지속할 수 있느냐이다. 알 선생은 매우 심각한 상황이 우리 앞에 기다리고 있을 것 같다는 생각이 든다. 정부 지원으로 다시 부활한 H2사가 잘 견디기를 바랄 따름이다.

20. 환율은 금리보다 위대하다!!

알 선생이 중소 해운사와 선박금융을 진행하다 보면 정말 답답할 때가 많다. 제2금융권 기관들이 원화금리가 달러금리보다 낮다며 원화금리를 사용하라고 권해서 원화 대출을 사용하는 경우가 종종 있는데, 이는 심사숙고할 필요가 있다.

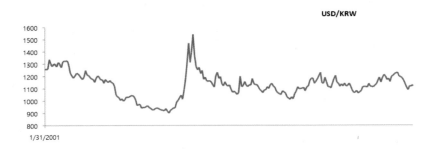

상기 그래프에서 보듯이, 원-달러 환율은 변동성이 매우 심하다. 선박 매입과 매각 대금 그리고 용선료 등 모든 결제 통화는 USD이므로 원화

대출을 통해 환위험에 노출되는 것은 바람직한 선택이 아니라고 본다. 실례도 있다. A 해운은 2010년 7월 선박을 매입하면서 매입 자금의 일부인 USD 20M에 해당하는 5년 만기 대출을 원화로 받았다. 그 결과 환율에 따른 손실로 이자를 제외한 원금만 약 24억을 추가로 더 상환해야 했다.

2010-07-30	2011-07-30	2012-07-30	2013-07-30	2014-07-30	2015-07-30
1233.0	1067.4	1140.2	1142.0	1011.5	1118.8
$20,000,000	$19,000,000	$18,000,000	$17,000,000	$16,000,000	$0
	$1,000,000	$1,000,000	$1,000,000	$1,000,000	$16,000,000
24,660,000,000	1,233,000,000	1,233,000,000	1,233,000,000	1,233,000,000	19,728,000,000
	1,067,400,000	1,140,200,000	1,142,000,000	1,011,500,000	17,900,800,000
	-₩165,600,000	-₩92,800,000	-₩91,000,000	-₩221,500,000	-₩1,827,200,000
				손실 합계	-₩2,398,100,000

금리 변동성보다 더 무서운 것이 환율 변동성이다. 운임수입과 용선료 수입은 달러이고 원화 대출금에 대한 원금과 이자 지급은 원화이다. 원화가 약세로 간다면 수익이 발생할 수 있겠지만 원화가 강세로 간다면 막대한 추가 손실이 발생함을 명심하자.

21.   투자 기관의 자금 조달과 투자 수익

금융기관이 투자에 대한 자금 조달 리스크를 줄이려면 투자 기간 및 조달 자금에 대한 조달 기간을 적절히 매칭시켜야 한다. 하지만 금융기관들은 수익 극대화 및 여러 이유로 두 기간을 매칭시키지 않는다.

예를 들어 금융기관의 1년물 조달금리가 L+50bps이고, 5년물 조달금리가 L+150bps이며, 참여하고 싶은 5년 만기 선박금융의 해운사 요구금리가 L+200bps이라고 가정해 보자. 이때 조달 자금의 조달 기간에 따라서 금융기관이 갖게 될 투자 수익률과 조달 리스크는 달라지기 마련이다. 해운 기업 입장에서는 선박금융의 조달금리 수준에 따라 선박 영업 원가에 차이가 발생하기 때문에 선박금융 조달금리를 최대한 낮추려고 노력한다. 이에 금융기관이 조달 리스크를 최소화하려면 5년물로 달러 조달을 실행하여야 하나, 수익 극대화 등의 이유로 투자 기간과 조달 기간을 매칭시키지 않으려는 경향이 있다.

실제로 시행된 프로젝트를 분석해 보자. 선박금융 대출금액이 USD 30M이고, 대출금리가 2% 차이 나면 Daily 용선료에서 약 2,000불 정도의 차이가 발생한다. 예를 들어 용선 시장에서 형성된 용선료가 11,000달러인데, 선박 A의 원가는 10,000달러이고 선박 B의 원가는 12,000달러라고 한다면 선박 A는 수익을 얻고, 선박 B는 손실을 보게 되는 것이다. 선박금융 조달금리는 매우 중요하다. 해운사 CEO가 용선이 아닌 소유한 선박을 이용하여 수익을 창출하려면 영업 담당자가 아닌 선박금융 담당자를 쪼아야 하는 이유가 여기에 있다.

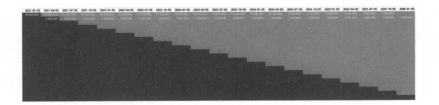

더불어 금융기관이 달러 채권을 이용하여 자금을 조달할 경우 일반적으로 만기 일시상환 조건에 따라 약정된 쿠폰Coupon을 만기까지 지급해야 한다. 그런데 선박금융은 분기별로 원리금을 상환하는 구조가 일반적이라서 원금 상환에 따른 대출 잔액이 감소함에 따라 이자 수취 금액도 감소한다. 시간이 지날수록 쿠폰 지급액과 이자 수취 금액 간에는 차이가 벌어질 수밖에 없다. 따라서 원화 자금을 주로 운용하는 금융기관은 보유 중인 원화 자금을 이용하여 투자금 상환 일정에 맞춘 KRW-USD 스와프 체결로 달러를 확보하려는 경향이 있다.

알 선생이 선박펀드를 조성하면서 현실의 벽에 부딪힌 적이 몇 차례 있었는데 그중 하나가 Cross Currency Interest Rate SwapCCIRS이었다. 지금은 대형 벌크선사가 된 P사는 700TEU 컨테이너로 선주 사업을 시작했다. 은행에서 선박금융 조달하는 것이 여의치 않아 자본 시장에서 자금 조달을 진행했다. 해당 프로젝트 때문에 알 선생은 2005년에 국내 최초로 100% 공모형 감자구조 선박펀드에 스와프를 도입했었는데 높은 스와프 비용이 발생했다. 그 당시는 해운사의 보증으로도 선박펀드에 스와프 도입이 가능했었는데, 문제는 스와프 비용이었다. 해운사에서는 환차손 방지를 위해서 높은 스와프 비용을 수용했지만, 알 선생이 이해하기 힘들었던 부분은 화면상에서 분명 달러금리가 원화금리보다 낮았는데, 비용 때문에 실제 스와프 은행에서 제공받은 금리는 달러금리가 원화금리보다 높았다. 스와프 체결 또는 보증기관의 신용도가 좋다면 매우 낮은 스와프 비용으로 스와프 계약을 체결할 수 있다. 결국, 스와프 또한 금융조달의 한 방법이고, 신용도에 좌우된다.

이 지면을 빌려 그 당시 최초의 스와프 도입과 감자구조 선박펀드 때문에 많은 고생을 하셨던 K사의 LYS 팀장님께 진심으로 감사함을 전한다. L 팀장님의 엄청난 고생 덕분에 결제원 시스템에 분기별 감자 공모 선박펀드를 위탁할 수 있었다.

22.   알 선생이 꿈꾸는 한국형 선주 사업

알 선생이 외국계 S 은행에 근무하면서 경험했던 프로젝트 중 기분이 그다지 유쾌하지 못했던 선박금융 구조가 있었다.

전형적인 선주사인 일본의 중소 해운사가 한국에서 건조한 케이프사이즈 선박에 대해 외국계 S 은행이 선가의 60%를 지원하는 데 K 보증보험을 씌우는 구조였다. 단지 선가의 60%만 선박금융을 지원하는데, 그걸 위험하다고 판단하고 Covered Loan을 실행한다는 것 자체가 알 선생은 쉽게 이해되질 않았다. 외국계 S 은행은 그만큼 선박금융이 위험하다는 것을 오랜 경험과 노하우를 통해서 인지하는 것 같았다. 마진을 적게 먹더라도 안정성을 추구하겠다는 영업전략인 것 같았다.

해당 해운사는 오사카에 있는 중소 해운사였다. K 보험공사 분들과 해당 해운사를 방문했는데 이 회사의 선박관리는 30대 기수의 해대 선배님들께서 하고 계셨다. 선장과 기관장은 해대 선배님들이었고, 선원들은 필리핀과 미얀마 선원들이었다. 자본가(일본)–선장(한국)–선원(필리핀) 식의 구조를 보며 '해운 국가 순위를 나타내는 것인가?'라는 유쾌하지 못한, 아주 주관적인 생각을 했었던 적이 있다. 일본과 일본 선주에 대한 부러움과 열등감이 알 선생에게 존재했었던 것 같다.

해당 해운사는 신조 선박을 일본이나 한국 조선소에서 건조하여 A등급 용선주에게 대선을 주고 있었고, 15년이 넘지 않는 시점에 해당 선박을 매각한다고 했다. 레버리지는 50~60%를 유지한다고 했다. 신형 타입의 선박이고 LTV가 낮으니 당연히 선박금융 금리가 낮았다. 그 결과 CAPEX가 낮고, A등급의 용선주가 요구하는 용선료를 충족할 수 있었다. 선령 15년이 넘는 선박은 주로 한국 선사에서 매입해 간다고 했다.

알 선생이 과거 국내 중소 해운사에 선박금융을 지원한 것 중에는 일본 해운사에서 구입한 선령 15년이 넘는 선박들도 다수 있었는데 이런 경우였던 것이다. 국내 중소 해운사는 그런 선박들을 구입해서 캐피탈사 등을 이용하여 선가의 90%까지 레버리지를 일으켰다. 그리고 선박관리사를 압박하여 선박관리 비용을 아끼려고 노력한다. 높은 선박금융 금리와 선가의 90%까지 레버리지 된 매우 높은 CAPEX를 가진 구식 선박을 가지고 시장에서 수익을 창출하는 국내 해운사 분들이 존경스러웠고, 그와 동시에 그분들의 서글픔이 교차하여 느껴졌다. 이런 상황이니 시황의 변동성 앞에서 어떻게 국내 중소 해운사가 살아남을 수 있겠는가?

시간이 흐르고 보니, 외국계 은행 S사는 현명했다. 리먼 사태 후 선가는 폭락해 버렸고, 안전하다고 생각했던 선가의 60% 지원은 그다지 안정적인 투자가 아니었다. Covered Loan은 현명한 투자 방법이었다. 역시 외국계 S 은행의 오랜 경험과 노하우는 위대했다. 또한, 외국계 S 은행은 해운 시장과 기업을 분석하여 가지고 있는 선박금융 대출 잔액을 손해 보더라도 더 큰 손실을 막기 위해 수시로 투매한다. 대단한 선박금융 전문은행이다. 우리나라는 언제쯤 이런 선박금융 전문은행이 생길까 싶다.

대한민국의 출산율은 현재 세계 꼴찌이고, 대학교에 입학하는 신입생이 감소하여 일부 대학교는 심각한 존폐 위기에 처해 있다. 아파트, 상가, 땅 등의 부동산이 앞으로도 수익성 좋은 안정적인 투자처로 지속할지 의심스럽다. 이런 상황에서 알 선생은 중장년층에게 안전한 투자처로 선박투자를 권하고 싶다. 이는 또한 한국형 선주 사업 모델이 되어야 한다고 생각한다.

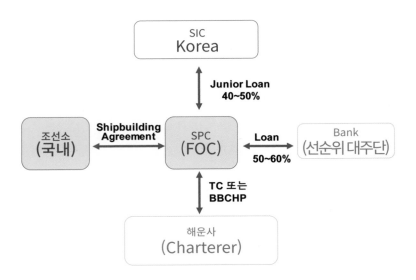

IMO의 환경 규제에 대비하여 신형 선박을 국내 조선소에 건조하고, 일반 투자자를 모집하여 선가의 40~50%를 충당하며, 나머지 50~60%의 선가는 정책금융기관 또는 국내외 금융기관에서 경쟁력 있는 금리로 선순위 자금을 조달하는 방식이다. 투자금은 은퇴자들의 노후 생활 자금이므로 국가에서 해당 선박펀드에 세제 혜택을 준다면 노령인구 부양에 대한 국가의 부담도 줄어들 것이다. 해당 선박은 국내 및 국외의 A등급 용선주에게 대선을 주어 그 수익을 분배하는 방식이다.

펀드는 철저하게 검증된 선박펀드 전문 운용사를 통해서만 조성되도록 정부가 통제하고, 해당 운용사는 적정 수의 전문인력을 보유 및 유지하도록 강제하는 것을 조언한다. 또한, 조성한 선박펀드에서 부실이 발생하면 해당 운용사의 선박펀드 조성에 제한을 두는 방식도 제안한다. 특히, 선박펀드의 LTV는 철저하게 60% 이하로 규제하고, 투자 선박의 선가가 그동안의 데이터에서 중간값 이상에 해당한다면 A등급 화주(신뢰할 수 있는 화주로 제한)의 COA나 CVC 계약 체결 등을 필수조건으로 설정한다.

1997년 도쿄의 아키하바라를 방문한 적이 있었다. 알 선생은 그 당시 삼성에서 만든 무거운 흑백 스크린 PCS 핸드폰을 비싼 가격에 구입하여 사용하고 있었다. 아키하바라에서 보니 값이 매우 저렴한 소니의 작고 가벼운 컬러 스크린 핸드폰이 매장마다 가득했다. 알 선생은 소니의 가벼운 컬러 핸드폰을 보고 삼성이 소니를 따라가려면 최소한 50년 이상의 세월이 흘러야 한다고 생각했다. 하지만, 현재 소니는 세계 스마트폰 시장에서 사라졌고, 삼성은 애플 뒤를 추격하고 있다. 한국의 선주 사업도 일본의 선주 사업을 앞서는 날이 오길 바란다.

　남을 모방하는 전략으로는 어느 정도 성공은 할 수 있지만, 만년 2등을 면하기 어렵다고 한다. 혁신과 창조를 바탕으로 판을 주도하는 사람이 되어야 한다고 알 선생은 생각한다. 알 선생이 생각하는 한국형 선주 사업은 행동재무학에서 언급된 인간이 그 중심에 있어야 한다고 믿는다. 은퇴자들과 해기사들이 아파트, 상가 또는 땅이 아닌 선박에 투자하여 일정 수익과 매매 차익을 얻는 그런 시스템을 정부가 만들어야 한다고 생각한다. 은퇴자들과 해기사들의 노후자금은 상가 월세가 아닌 선박의 용선 수익에서 가져가는 그런 인식의 전환과 시스템을 만드는 것이 중요하다. 한 집 걸러 한 집이 선주인 그런 해양 강국이 되길 기대해 본다.

CAPEX ∝ ***Leverage*** > *Interest rate*

행동재무학
(Behavioural Finance)

경제학은 다른 사회 과학처럼 사람들이 살아가는 세상을 좀 더 잘 이해하기 위해 이론들을 개발하는 학문이다. 경제학 이론들은 경제 현상들을 정확하게 묘사하고 설명하기 위해 노력한다.

신고전주의 경제학은 19세기부터 발전되어 왔으며, 효용의 극대화, 의사결정의 합리성, 수요와 공급 등을 바탕으로 경제 활동을 잘 설명하는 이론들을 제공하고 매우 유용한 학문으로 인식되고 있다. 또한, 신고전주의 경제학은 경제학 발전에 많은 공헌을 해 왔다. 그러나 전통적인 경제학 이론들은 일부 경제 현상들을 명확하게 설명하거나 묘사하지 못했다. 예를 들어 손실 회피적 성향이나 미래의 큰 이익보다 현재의 작은 이익에 더 집중하는 현상 등은 전통적 경제학 이론으로 설명하기가 어려웠다(Wilkinson and Klaes, 2012; Camerer et al., 2004). 특히, 1980년대 이전에는 경제학자들이 심리학을 무시했고, 경제학 공부에 심리학을 접목하려는 시도는 하지 않았다(Baddeley, 2017).

하지만, 1980년대부터 심리학을 기반으로 하는 행동경제학이 학계에서 인정받기 시작했다. 행동경제학은 전통적 경제학이 설명하지 못하는 경제 현상들을 명쾌하게 설명하였다(Baddeley, 2017; Wilkinson and Klaes, 2012; Camerer et al., 2004).

가령, 금융 시장이나 주식 시장, 주식매매 등의 행위들은 전통적 경제학 패러다임으로 설명하기 어려웠다. 왜냐하면, 투자를 집행한 의사결정자들은 빈번히 비합리적인 결정을 내렸고, 전통적인 경제학 이론으로는 설명이 어려운 현상들이 속출했기 때문이다. 예를 들어 주식을 매각하여

자금을 확보해야 한다고 가정했을 때, 개인 투자자들은 기업의 재무 상태와 영업 전망을 분석하여 매매할 주식 종목을 선정하기보다는 매입 가격보다 하락한 주식은 계속 보유하고, 매입 가격보다 상승한 주식을 매각하는 경향을 보였다(Odean, 1998). 이는 합리적 의사결정이라고 보기 어렵고, 전통적 경제학 이론으로 설명하는 데 한계가 있었다.

그리고, 2013년에 노벨경제학상을 수여한 Shiller 교수는 그의 저서인 『비이성적 과열Irrational Exuberance』에서 인간의 심리가 주식 시장과 부동산 시장에 직접적인 영향을 준다고 주장했다. 인간의 심리 즉, 비합리적인 사고思考로 인해 나타난 과열현상이 주식 시장이나 부동산 시장을 실제 가치나 수익 수준 이상으로 급등시키고 급락시킨다고 주장했다(Shiller, 2005). 또한, 인간의 비합리적이고 비경제적인 야성적 충동Animal Spirits으로 인해 경제 버블과 불황이 발생한다고 강조했다(Akerlof and Shiller, 2009).

그래서, 경제학자와 재무학자들은 금융 시장에서 발견되는 현상들이 전통적인 패러다임으로 설명하기 어렵다는 사실을 인지하고 행동재무학으로 설명하려는 시도와 노력을 하고 있다(Barberis and Thaler, 2002).

행동재무학은 행동경제학의 하위 학문으로 금융과 관련된 인간의 행태에 관한 내용으로 구성되어 있다(Forbes, 2009). Ritter(2003)에 의하면, 행동재무학은 금융 시장에서 발견되는 비효율적인 현상과 금융에 관한 인식 및 행동 패턴을 연구하는 학문이라고 정의했다. 다른 방식으로 표현하자면 행동재무학은 인간 심리학, 사회학, 인류학을 바탕으로 연구된

재무학이다(Shiller, 1998).

　이처럼 전통적 재무학에서는 인간을 합리적 의사결정자라고 간주하지만, 행동재무학에서는 인간이 항상 합리적인 의사결정을 하는 것은 아니라고 전제하고 있다(Chen et al., 2017). 다음에 언급되는 행동재무학 이론들은 알 선생이 선박금융 업무를 진행하는 동안 자주 접했던 이론들이어서 이 책에 정리해 두었다. 이해해 두면 실생활에 유용할 것이다.

1.   손실 회피성(Loss Aversion)

위험과 불확실성 하에서 이루어지는 의사결정에 대한 분석은 전통적으로 기대효용이론으로 설명되어 왔다. 기대효용이론에 따르면, 인간은 이성적이고 논리적이기 때문에 불확실성 하에서는 위험을 회피하며 기대효용이 제일 높은 최선의 선택을 한다고 믿고 있다(Von Neumann and Morgenstern, 1947).

Friedman and Savage(1948)는 리스크가 존재하더라도 인간은 최대 효용과 최대 수익을 추구한다고 주장했다. 그러나, 불확실성 하에서 이루어지는 인간의 의사결정들은 이 전통적인 이론으로는 정확하게 설명되지 않았다. 그래서, Kahneman and Tversky(1979)는 불확실성 하에서 이루어지는 의사결정에 대한 행동이론인 '전망이론Prospect Theory'을 소개했다. 이 학자들은 인간들이 의사결정을 할 때 수익이 발생한 경우에는 리스크를 회피하는 경향이 있고, 손실을 본 경우에는 리스크를 감내하는 경향이 있다고 주장했다.

Kahneman and Tversky(1979)는 여러 가지 실험을 통해 인간의 리스크 선호도를 분석했다. 논문에서 실행한 인간의 선택에 대한 실험 결과를 보면, 82%의 설문 참여자들이 100%의 확률로 Israeli ShekelILS 2,400을 얻을 수 있는 경우를 선택했고, 오직 18%의 설문 참여자들만 99%의 확률로 ILS 2,400보다 많은 금액을 얻을 수 있는 경우를 선택했다. 논문의 세 번째 실험 결과는 78%의 실험 참여자가 100%의 확률로 ILS 3,000을 획득하는 기회를 선택했고, 오직 20%의 실험 참여자만 80%의 확률로 ILS

4,000을 얻는 기회를 선택했다. 그러나, 손실에 관련된 내용에서는 참여자 8%만이 ILS 3,000의 확정 손실을 선택했고, 참여자 92%는 80%의 확률로 ILS 4,000 정도 손실을 보거나 20%의 확률로 손실을 보지 않는 선택을 했다. 다섯 번째 실험에서는 78%의 실험 참여자가 100%의 확률로 일주일 동안 영국을 여행하는 경우를 선택했고, 22%의 실험 참여자가 50%의 확률로 3주 동안 유럽을 여행하는 경우를 선택했다. 일곱 번째 실험에서, 86%의 실험 참여자가 90%의 확률로 ILS 3천을 얻는 경우를 선택했고, 14%의 실험 참여자가 45%의 확률로 ILS 6,000을 얻는 기회를 선택했다. 반면, 손실에서는 92%의 실험 참여자가 45%의 확률로 ILS 6,000을 잃거나 55% 확률로 손실이 없는 선택을 했고, 오직 8%의 참여자만 ILS 3,000의 확정 손실을 선택했다. 이러한 결과를 통해서 실제 인간의 행동이 기대효용이론과는 일치하지 않는다는 것을 확인할 수 있었다. 또한, 수익을 얻고 있는 상태에서는 리스크를 회피하고, 손실을 보고 있는 상태에서는 리스크를 적극적으로 감내하려는 성향을 확인하였다.

Kahneman과 Tversky는 사람들이 수익을 얻고 있을 때는 높은 확률보다는 확실함을 선택한다고 주장했다. 그들은 이러한 현상을 확실성효과 Certainty Effect라고 했다. 또한, 저자들은 사람들이 리스크를 회피하는 경향이 있다고 명시했다. Shiller(1998)는 사람들이 리스크를 회피하려는 성향 때문에 보험에 가입하는 것이라고 주장했다. 이러한 결과들은 기대효용이론에서 최대 기댓값을 선택하는 것과는 일치하지 않는다. 이러한 선택들은 단지 기대효용이론에서 언급한 리스크회피이론과 일치할 뿐이다.

Kahneman and Tversky(1979)는 기대효용이론은 불확실성 하에서 사람들이 행하는 의사결정들을 정확하게 설명하지 못한다고 주장했다. 해당 논문 실험 3.2에서 92%의 실험 참여자들은 80%의 확률로 ILS 4,000을 잃거나 20%의 확률로 손실을 보지 않는 기회를 선택했고, 겨우 8%의 실험 참여자만이 ILS 3,000의 확정된 손실을 선택했다. 또한, 실험 7.2에서는 92%의 실험 참여자가 45%의 확률로 ILS 6,000을 손실 보는 경우를 선택했고, 겨우 8%의 실험 참여자만 90%의 확률로 ILS 3,000을 손실 보는 기회를 선택했다. 실험 8에서는 73%의 실험 참여자들이 0.1%의 확률로 ILS 6,000을 얻을 수 있는 경우를 선택했고, 27%의 실험 참여자들이 0.2%의 확률로 ILS 3,000을 얻을 수 있는 경우를 선택했다.

그러나, 실험 8.2에 따르면, 70%의 실험 참여자가 0.2%의 확률로 ILS 3,000을 손실 입는 경우를 선택했고, 30%의 실험 참여자가 0.1%의 확률로 ILS 6,000을 손실 보는 경우를 선택했다. 이 실험의 결과들은 기대효용이론으로 설명할 수 없다. 저자들은 논문에서 인간들은 이익보다는 손실에 더 민감하기 때문에 리스크와 불확실성이 존재하는 상황에서 손실과 이익을 통해 의사결정을 한다고 주장했다.

Tversky and Kahneman(1981)은 결국 인간의 손실 회피 성향을 입증했다. 논문의 실험 3.1 결과를 보면, 84%의 실험 참여자가 확실하게 USD 240을 얻는 경우를 선택했고, 16%의 실험 참여자만 25%의 확률로 USD 1,000을 얻을 수 있고 75%의 확률로 아무것도 얻을 수 없는 경우를 선택했다. 그러나, 실험 3.2의 결과에서는 오직 13%의 실험 참여자들만 USD 750의 확정 손실을 선택했고, 87%의 실험 참여자들이 75%의 확률로

USD 1,000을 손실 보거나 25%의 확률로 아무런 손실도 보지 않는 경우를 선택했다. 실험 4의 결과에서는 100%의 참여자 모두가 25%의 확률로 USD 240을 얻고, 75%의 확률로 USD 760을 잃는 경우보다는 25%의 확률로 USD 250을 얻고 75%의 확률로 USD 750을 손실 보는 경우를 선택했다. 실험 5의 결과에서는 78%의 실험 참여자가 확정적인 USD 30의 수익을 선택했고, 22%만이 80%의 확률로 USD 45를 획득하는 경우를 선택했다. 실험 6의 결과에서도, 74%의 실험 참여자는 확정적인 USD 30의 수익을 선택했고, 오직 26%의 실험 참여자만 80%의 확률로 USD 45를 얻는 기회를 선택했다. 선택에 대한 의사결정 내용을 분석해 본 결과 인간의 손실 회피 성향과 확실성 추구 성향은 명확했다.

Tversky and Kahneman(1984)는 대부분의 사람이 도박에서 수학적으로 예상되는 수익이나 손실보다는 확실한 수익과 손실 회피를 선호한다고 주장했다. 정리해 보면, 의사결정자들이 손실 회피 전략을 선호하는 것은 명백하다(Tversky와 Kahneman, 1979; 1981; 1984; 1986).

Tversky and Kahneman(1991)은 의사결정 과정 중 손실 회피를 선택하는 이유는 행복과 고통의 불균형에서 발견할 수 있다고 주장했다. 고통이 행복보다 사람들에게 치명적이고 심각하게 작용하기 때문에 의사결정자들은 좋은 상황보다는 나쁜 상황에 더 신경을 쓴다고 했다. 또한, 과거 경험들이 의사결정의 기준이 되며, 행동에 직접적인 영향을 준다고 설명했다.

Dimmock and Kouwenberg(2010)는 높은 수익률에도 불구하고, 대다수

가구에서는 주식 투자를 좋아하지 않는다고 주장했다. 특히, 각 세대는 손실을 피하고자 주식 투자보다는 뮤추얼펀드 투자를 선호한다고 언급했다.

Baghestani(2016)는 미국에서 유가가 떨어졌을 때 소비자들은 경기 전망을 긍정적으로 예측했으나, 소비자의 지출에는 변화가 없었다고 주장했다. 하지만 반대로 유가가 상승했을 때 소비자들은 경기 전망을 부정적으로 예측했으며 그 결과, 소비자들은 지출을 줄였다고 강조했다. Baghestani는 사람들이 좋은 상황보다는 나쁜 상황에 더 민감하고 신경을 쓴다고 주장했다. 또한, Xie et al.(2018)는 개인당 GDP와 손실 회피 사이 관계를 분석했는데, 그들은 금융 시장이 성숙하고 잘사는 나라일수록 손실을 회피하려는 성향이 증가한다고 주장했다.

Meng and Weng(2018)은 손실 회피 성향은 처분효과에 직접적인 영향을 준다고 명시했다. 투자자들은 자산이 기대했던 수익률을 넘어서면 해당 투자자산을 처분하는 경향이 있는데, 이는 투자자들의 손실 회피 성향 때문이라고 밝혔다. Baghestani(2019)는 경제 상황이 좋지 않을 때 차량 구매율이 낮아졌지만, 경제 상황이 나아졌어도 차량 구매율에는 변화가 없었다고 명시했다. 이를 통해 저자는 사람들이 나쁜 상황에 더 신경을 쓴다고 강조했다.

한편, 주택 소유자들은 집값이 내려가면 집을 팔지 않으려는 경향을 보이는데 그 이유는 하락한 집값에 대한 손실을 겪어야 하기 때문이다. 그래서 주택 소유자들이 매도 결정을 미루다 경제여건이 악화되거나 주택담보 대출의 금리가 인상되었을 때 일제히 집을 시장에 내놓는 것이며, 이러한 영향으로 주택매매 시장에서 매물 가격이 폭락하여 주택 소유자의 손실이 더 커지는 것이다. 인간의 손실 회피 성향이 매도 결정에 영향을 준 결과이다(Baddeley, 2017).

또한, 주식 투자자들도 손실 회피 심리 때문에 비합리적인 선택을 하는 경향이 있다. 이익이 난 주식은 빨리 처분하고, 손실이 난 주식은 끝까지 소유하는 경우가 많다. 이익이 발생하면 혹시 다시 떨어질까 두려워서 빨리 팔고, 이미 손해를 본 주식은 손실을 확정 짓기 싫어서 보유하는 것이다. 하지만, 가격이 오른 주식은 기업의 재무 상태가 좋거나 사업 전망이 좋기 때문에 주가가 더 오를 가능성이 크고, 주식 가격이 내려간 기업은 실적이 나쁘거나 사업 전망이 좋지 않아 계속 하락할 확률이 높다(Odean, 1998).

유효상(2019)은 그의 책에서 일반적으로 신용카드를 사용할 경우, 예상보다 많은 지출이 발생하는 이유도 손실 회피 성향 때문이라고 했다. 통신사들이 보상판매 전략으로 신규 스마트폰 프로모션을 진행하는 것도 같은 맥락이라고 밝혔다.

해운 및 선박금융 관련 의사결정에서도 손실 회피성은 의사결정에 직접적인 영향을 준다고 보고 있다. 해운 호황기 시절 일부 선주들은 SPOT 영업이나 단기 대선으로 더 많은 수익을 창출할 수 있었지만, 운임 하락을 걱정하여 장기 대선으로 선박의 운임을 확정한 사례가 빈번했다.

2. 매몰비용효과(Sunk Cost Effect)

행동재무학에서 정의하는 매몰비용이란 이미 투입된 시간이나 노력, 자금 등을 의미한다. 인간이 합리적 행위자라면 의사결정을 하거나 선택을 할 때 미래의 비용과 편익 등을 기준으로 해야 하지만, 사람은 항상 합리적인 의사결정을 하는 주체가 아니다. 그렇기에 과거에 발생한 매몰비용이 미래를 위한 의사결정에 영향을 미치기도 하는데, 이를 행동재무학에서는 매몰비용효과라고 한다.

한편, '매몰비용효과'를 설명하는 또 다른 하나의 해석으로는 몰입의 상승Escalating Commitment이론이 있는데, 이는 앞서 언급한 전망이론의 위험 회피 성향과 일맥상통한 것이다. 사람들은 부정적인 결과에 직면했을지라도 그들이 과거에 내린 결정과 투자를 합리화하기 위하여 몰입 혹은 투자를 지속하는 비합리적인 행동 패턴을 보인다고 설명한다(Staw, 1976; Heath, 1995).

종합해 보면 인간은 과거에 자신이 행한 투자가 합리적인 선택이었다고 믿고 싶어 한다. 투자를 중단하면 자신의 선택이 틀렸다는 것을 방증하는 것이기에 자신의 선택에 더욱 큰 확신을 가지려고 하며, 더욱 긍정적인 평가를 한다. 이러한 심리가 비합리적인 행동으로 이어지는 것이다.

Arkes and Blumer(1985)는 매몰비용효과를 기존의 투자에 지속해서 시간이나 노력, 재화 등을 투자하려는 경향이라고 정의했다. 이 학자들은 여러 가지 실험 결과들을 통하여 이미 투입된 시간, 노력, 돈 등의 자원들이 사람들의 선택과 의사결정에 직접적인 영향을 미친다고 주장하였다. 한 스키 여행 실험을 예시로 보면 쉽게 이해할 수 있다. 전통적 경제학 이론을 따르자면 모든 실험 참여자들은 미시간 스키 여행보다 싸고 더 매력적인 위스콘 스키 여행을 선택했어야 했다. 그러나 오직 46%의 실험 참여자들만 위스콘 스키 여행을 선택했다. 그 이유는 이미 미시간 스키 여행에 투입된 많은 매몰비용이 실험 참여자들의 선택에 영향을 주었기 때문이다.

그들은 또한, 레이더에 노출되지 않는 비행기 제작 프로젝트를 이용하여 매몰비용에 관한 실험을 하였다. 이 실험에서 모든 가정은 동일하고, 투자가 이미 이루어졌다는 가정과 아직 투자가 이루어지지 않았다는 가정의 차이를 이용하여 매몰비용효과를 명확하게 입증하였다. 사전 투자가 이루어졌다는 가정에서는 85%의 실험 참여자들이 프로젝트 개발 지속을 선택하였고, 투자가 아직 이루어지지 않았다는 가정에서는 오직 17%의 실험 참여자들만 레이더에 노출되지 않는 비행기 개발 프로젝트를 지지하였다.

소비자 행위, 경제적 의사결정과 기타 의사결정 등 여러 현상에서 매몰비용효과는 발생한다(Putten et al., 2010). 특히, 이러한 매몰비용효과는 이익이 실현되는 경우보다 손실이 발생하는 상황에서 더 빈번하게 나타난다(Tversky and Kahneman, 1981).

Rego et al.(2018)는 매몰비용효과가 인간관계에 직접적인 영향을 미친다고 주장했다. 그들은 시간, 노력, 돈 등 인간관계에 이미 투입한 투자들이 그 관계유지의 중요한 동기부여가 된다고 논문에서 언급했다. Haita-Falah(2017)도 사람들이 일상생활에서 매몰비용의 오류에 쉽게 빠지는 경향이 있다고 주장했다. 프로젝트 진행에서도 매몰비용효과는 명확히 나타난다. 앞서 투자가 이루어진 경우, 사람들은 그 프로젝트가 마무리되도록 계속 진행하려는 경향이 있다(Putten et al, 2010).

사람들은 프로젝트에 이미 투입된 자원이 낭비와 손실로 평가되는 것을 원하지 않기에 실패가 예상되는 프로젝트를 계속 진행하는 경향이 있다(Arkes and Ayton, 1999; Keasey and Moon, 2000). Friedman et al.(2007)은 컴퓨터 게임을 이용하여 매몰비용의 오류를 검증하였는데, 참여자들은 높은 매몰비용이 투입된 섬에 머물려는 경향이 있음을 발견하였다. Garland and Newport(1991)는 매몰비용효과를 분석하기 위해서 네 개의 시나리오를 사용하였고, 그들은 프로젝트 지속에 대한 의사결정에 이미 투입된 자원들이 직접적으로 영향을 준다는 사실을 발견했다.

매몰비용으로 인식되는 회원가입비 또한 소비자의 태도와 선택에 직접적인 영향을 미친다. 보통 소비자들은 회원가입비를 낸 상점을 더 많이 이용하는 경향을 보였다(Dick and Lord, 1998).

Garland(1990)는 매몰비용이 프로젝트를 계속 진행할지 포기할지에 대한 의사결정에 영향을 줄 수 있다고 명시했다. 또한, 매몰비용이 미래의 수익성보다 더 추가적 투자 결정에 영향을 준다고 주장했다. 플라스틱 옷감 개발 프로젝트 지속 및 유지에 관한 실험에서도 대다수의 참여자는 프로젝트의 지속을 선택했는데, 그 이유는 그동안 투입된 자원이 낭비로 평가되기를 원하지 않기 때문이었다(Arkes, 1996).

Tan and Yates(1995)는 리조트 선택과 핸드폰 투자 사례를 이용하여 매몰비용효과를 분석했다. 리조트 선택 실험에서 56%의 실험 참여자가 매몰비용효과 때문에 상대적으로 덜 선호하는 바탐Batam 여행을 선택했고, 핸드폰 투자에 관한 실험에서는 매몰비용효과에 관한 이론을 모르는 80%의 학생들이 이미 투입된 비용 때문에 추가적 비용을 투입해서 프로젝트를 완성하는 선택을 했다.

Gourville and Soman(1998)이 분석한 자료에 따르면, 2년에 한 번씩 멤버십 비용을 내는 헬스클럽 이용자들은 멤버십 비용을 낸 달에는 헬스클럽을 다른 달보다 훨씬 더 많이 이용했다고 밝혔다. 그들은 매몰비용이 소비자의 행동에 직접적인 영향을 미친다고 주장했다. 매몰비용의 오류는 스포츠 분야에서도 발견된다. Keefer(2015)는 미국 메이저리그 선수들의 출전 시간이 매몰비용의 오류에 강하게 영향을 받는다고 했으며, NFL 선수들의 출전 시간 또한 마찬가지며, 선수에게 투입된 연봉과 스카우트 비용 즉, 매몰비용의 오류를 제거하지는 못한다고 주장했다(Keefer, 2018).

또한, 경매를 낮은 가격에서부터 시작하는 것은 사람들의 참여를 유도하기 위함이기 때문에 경매 초반에 사용한 금액은 매몰비용이 되는 경향이 있다. 낮은 가격에서 시작하여 점점 더 높은 금액을 부르면서 추가적인 투자를 불러일으키는 것이다. 그렇기에 초기 참여자는 계속해서 입찰에 참여하려는 경향이 있고, 낙찰 가격을 올리는 경향이 있다(Ku et al.,

2006). Ho et al.(2018)는 자동차 사용 빈도를 분석하여 매몰비용효과를 입증하였다. 자동차 소유주들은 신차를 구입한 후 최초 2년간은 차를 매우 자주 사용하는데, 그 이유는 매몰비용 때문이라고 강조했다. 매몰비용이 사람들의 머릿속 계정에 직접적인 영향을 미친다고 주장했다.

Staw and Ross(1987)는 다른 사람들에게 자신의 선택이 옳았다는 것을 보여 주고 싶어 하는 욕구 때문에 매몰비용효과가 발생한다고 주장했다. 또한, 과거 의사결정에 대한 책임이 적은 사람보다는 책임이 큰 사람에게서 매몰비용효과가 더 크게 나타난다고 강조했다.

곽준식(2012)은 그의 행동경제학책에서 매몰비용효과의 사례를 은행의 대출 업무 과정을 이용하여 설명했다. 사업에 실패한 채무자는 기존 대출금을 회수하기 위해 위험을 무릅쓰고 추가 대출을 하는 경향이 있어서, 일부 은행은 추가 대출 건을 새로운 담당자가 처리하도록 하여 매몰비용효과로 인한 불합리한 의사결정을 최소화하도록 노력하고 있다고 언급했다.

정부도 매몰비용효과의 영향을 받아 정책 사업을 지속하는 경우가 빈번하다. 새만금 간척 사업은 경제성도 없고, 환경파괴가 우려된다고 사업 중단을 요구하는 여론이 많았지만, '사업을 중단하면 국민의 혈세가 낭비되기 때문에 멈출 수 없다'는 논리로 강행되었다(곽준식, 2012).

유효상(2019)은 그의 저서에서 미국의 의사결정자들도 과거 매몰비용의 오류에서 벗어나지 못했다고 주장했다. 15년이나 지속했던 베트남전쟁에서 미국이 얻어낼 성과가 별로 없다는 사실을 사전에 알았으나 너무 많은 병사가 죽었고, 많은 전쟁 물자가 투입되어 전쟁을 일찍 끝내지 못했다고 언급했다. 투자한 비용이 아까워 과거 결정에서 벗어나지 못하고 비합리적인 결정을 하게 되는 것을 매몰비용의 오류라고 그의 저서에 명시했다.

해운 및 선박금융 의사결정에서도 매몰비용효과로 인하여 의사결정자들이 비합리적인 결정을 하는 경우가 있다. 선박을 매매할 때 계약금을 납입한 후 투자된 계약금 때문에 더 저렴하고 경쟁력 있는 선박을 발견하여도 기존에 계약한 선박을 인도하는 경우 혹은 선박금융 프로젝트에서 수익성과 안정성이 좋지 않지만 프로젝트 검토에 투입된 시간과 노력 등의 이유로 선박금융을 집행하는 경우가 이에 해당한다고 추정한다.

3. 가용성휴리스틱(Availability Heuristic)

휴리스틱이란, 합리적인 사고방식의 결론을 도출하는 분석적 사고가 아닌 경험에서 발생한 바이어스를 통한 직관적 사고방식을 말한다(Kahneman et al., 1982). 1905년 알베르트 아인슈타인은 노벨 물리학상을 받은 논문에서 휴리스틱을 '불완전한 도움이 되는 방법'이라고 설명했으며, 저명한 수학자 폴리아G.Polya는 휴리스틱을 '발견에 도움이 된다'는 의미로 사용했다. 그러므로 이 학자들의 개념을 추론하면, 휴리스틱은 문제를 해결하거나 불확실한 사항에 관한 판단을 내릴 필요가 있지만 명확한 실마리가 없을 때 사용하는 편의적, 발견적인 방법이라는 것이다(Tomono, 2006).

한편, 의사결정 과정에서 사람들은 관련된 정보 중에 최신 정보에 더 무게를 두고, 유사한 과거 사례들을 의사결정에 사용하는 경향이 있다. 이 같은 현상을 가용성휴리스틱이라고 정의한다. 가용성휴리스틱은 의사결정 과정에 직접적인 영향을 준다(Tversky and Kahneman, 1973).

Tversky and Kahneman(1974)은 불확실한 상황에서 내리는 의사결정은 개개인들이 과거의 경험에서 얻은 인지편향과 체험의 영향을 받는다고 주장했다. 사망률이 높은 분야에 종사하는 의사와 사망률이 낮은 분야에 종사하는 의사들 간의 추정값이 현저하게 다른 이유는 의사들의 경험에서 추정값이 산정되기 때문이라고 Detmer et al.(1978)가 밝혔다.

Poses and Anthony(1991)는 의사들은 자신들의 과거 진료 경험에 근거해서 병증의 경중을 판단하는 경향이 있다고 주장했다. 또한, 유사한 케이스의 환자를 치료할 때 과거 경험에 근거해서 항생제를 사용한다고 밝혔다. Buckingham and Adams(2000)도 논문에서 간호사들이 환자를 대할 때 가용성휴리스틱이 직접적인 영향을 준다고 주장했다.

Agans and Shaffer(1994)는 과거에 발생했던 문제나 사건이 다시 발생했을 때 사람들은 주어진 정보에 의지하기 때문에 과거 현상과 경험에 근거하여 미래 상황을 예측한다고 주장했다. Stapel et al.(1995)은 사람들은 의사결정을 해야 할 때 가장 쉽게 적용할 수 있는 과거 사례들을 이용한다고 주장했다. 만약 과거 사례들이 의사결정에 사용되기가 부적

합한 경우에는 다른 정보들을 찾아서 의사결정에 이용한다고 언급했다. Hertwig et al.(2004)는 리스크가 존재하는 선택을 할 때 인간은 경험에 많은 의지를 한다고 주장했다. 특히, 사람들이 위험한 선택을 할 때 최근 이벤트에서 얻은 경험을 바탕으로 선택하는 경향이 있다고 논문에 명시했다.

정해진 시간, 정보와 인지 능력의 한계 등 때문에 실생활의 모든 이슈에서 최적의 해결방안을 찾기란 쉽지 않다. 그래서, 사람들은 그들이 경험하고 배운 것을 바탕으로 의사결정을 진행한다. 특히, 스포츠 영역에서 선수들은 게임 중 이용할 수 있는 정보가 제한적이고 속도가 승패를 좌우하기 때문에 빠른 의사결정을 해야 한다. 그렇기에, 스포츠 선수들은 자신들의 경험과 판단으로 즉각적인 의사결정을 진행한다(Bennis and Pachur, 2006).

Sunstein(2006)은 기후 변화를 경험한 국가들이 경험하지 않은 국가들보다 더욱 민감하게 반응하며 신경을 쓴다고 주장했다. Haden et al.(2012)은 농장주들은 기후 변화와 관련하여 심각한 상황들을 경험한 경우 기후 변화에 매우 민감해하며, 개인적으로 대응 전략을 마련한다고 주장했다. 또한, 캘리포니아 농부 중에 물 부족을 경험한 농부들은 물 부족 사태를 매우 심각하게 받아들이고, 물 부족 문제를 해결하기 위해서 최선의 노력을 다한다고 주장했다. Mase et al.(2015)도 그들의 연구에서 가용성휴리스틱은 기후 변화의 위험성을 인지하고 있는 농업 지도자들에게 절대적인 영향을 준다고 명시했다.

불확실한 금융 시장에서도 가용성휴리스틱은 주식 투자자의 행동에 직접적인 영향을 준다(Kliger and Kudryavtsev, 2010). 대만 회사들은 중국 설명절 이전에 보너스를 지급하고, 노동자들은 그들의 부를 증진하기 위해서 주식을 사는 경향이 있다. 그래서 대만 주식 시장은 대부분 1월에 상승하는 경향이 있다. Chen et al.(2017)은 이러한 가용성휴리스틱 때문에 '1월 효과'가 대만 주식 시장에 생긴다고 주장했다. Kudryavtsev(2018)는 정보가 충분하지 않은 상태에서 외부 충격이나 이벤트가 발생할 경우, 가용성휴리스틱이 자본 규모가 작은 회사의 주식 가격에 강한 영향을 미치고, 주식 가격 변동성을 높인다고 주장했다.

Sjoberg and Engelberg(2010)는 가용성휴리스틱은 과거 기억을 쉽게 끄집어내는 경향이 있다고 언급했다. 예를 들면, 재난 영화를 본 사람들은 방사능, 화재 등의 위험성을 쉽게 이해한다고 밝혔다.

가용성휴리스틱이 집단의 판단으로 작용하면 사회를 흔들고 기업을 죽일 수도 있는 영향력을 발휘한다. 과거 모 식품 회사는 국내에서 라면 시장 점유율 1위를 차지하고 있었다. 하지만, 공업용 우지로 라면을 제조한다는 뉴스가 보도되자 사람들은 분노를 표출하며 불매운동을 진행했고, 경쟁 회사에 국내 시장 1위 자리를 빼앗겼다. 뉴스의 내용은 잘못된 것이었지만, 해당 뉴스를 접한 소비자가 공포와 분노 등의 감정을 폭발함으로써 사실과는 다르게 과장되는 일이 발생한다(유효상, 2019).

사람들은 인터넷 이용 시 가용성휴리스틱의 영향을 지배적으로 받는다. 각종 사이트에 가입할 때 가장 좋은 비밀번호는 기억하기 힘든 비밀번호지만, 사람들은 가용성휴리스틱을 통해 자신이 기억하기에 쉬운 비밀번호를 등록한다. 회의에서도 가용성휴리스틱이 적용된다. 사람들은 회의 내용과 관련된 정보를 찾을 때 모든 서류철을 꼼꼼히 들여다보며 가장 적절한 정보를 찾기보다는 조금이라도 관련 있어 보이는 서류철부터 들추는 경향이 있다. 이 때문에 중요한 정보를 놓치고 실수를 저지르기도 한다(Baddeley, 2017). 결국, 이러한 가용성휴리스틱은 사람들의 의사결정 과정과 밀접한 관계가 있다고 할 수 있다.

가용성휴리스틱은 해운 및 선박금융 관련 의사결정에서도 많은 영향을 미쳤다. 2004년부터 2008년 상반기까지 벌크선의 운임과 선박의 가격은 지속해서 상승했다. 그 결과, 국내 해운사들은 높은 운임과 선가가 일정 기간 계속해서 유지될 것이라고 판단하여 높은 가격에 많은 중고선을 매입했고, 많은 선박을 높은 용선료에 용선했다고 추정된다. 이 또한 가용성휴리스틱이 의사결정에 영향을 준 것이라고 볼 수 있다.

4. 앵커링효과(Anchoring Effect)

앵커링효과는 행동재무학 이론 중 가장 일반적이고 중요한 현상이며 매일 빈번하게 발생한다. 이러한 앵커링효과는 인지편향의 한 형태로, 사람들이 의사결정을 할 때 제공된 초기 정보에 의지하는 현상이다. 즉, 이 앵커링효과는 무의식적으로 먼저 입수하거나 제시된 정보를 판단의 기준으로 삼는 심리적 현상을 말한다(Kahneman, 2011).

한편, 불확실성 하에서 의사결정을 할 때 사람들은 모호함을 줄일 기준점을 찾는 경향이 있고 그 기준점을 수정하여 최종 결정을 하는 경향이 있다. 앵커링효과는 실생활과 경제 활동에 커다란 영향을 미친다(Fiske and Taylor, 1991; Northcraft and Neale, 1987; Mussweiler et al., 2000). 사람들은 의사결정 과정에서 유용한 정보가 없거나 불확실한 상황에서 추정해야 할 때 참조점 즉, 기준점들의 영향을 받는다. 개인이나 그룹 모두 이 경우 기준점의 영향을 받는다(Whyte and Sebenius, 1997). Wright and Anderson(1989)은 인간의 의사결정에 앵커링효과가 매우 중요한 역할을 한다고 여러 실험을 통해 입증했다.

Kahneman 교수는 2011년에 출판한 그의 책 『Thinking, Fast and Slow』에서 앵커링효과를 설명했다. 그는 샌프란시스코 과학관에서 해상 기름 유출로 인한 환경오염을 해결하기 위한 모금을 진행할 때 발생한 앵커링효과를 분석했다. 특별한 기부 기준액이 없을 때 방문자들이 기부한 평균 금액은 개인당 USD 64였다. 그러나, 기부 기준액을 USD 5로 정해 놓자 개인당 평균 기부액은 USD 20으로 변했고, 기부 기준액을 USD 400으로 정해 놓자 개인당 평균 기부액은 USD 143으로 증가하는 현상을 발견했다. 이 실험에서도 나타났듯이 앵커링효과는 우리 주위에 분명하게 존재한다(Kahneman, 2011).

Tversky and Kahneman(1974)은 사람들이 추정할 때 최초값을 기준으로 추정을 하며, 시작점은 마지막 결정에 직접적인 영향을 미친다고 주장했다. 그들은 또한 사람들이 의사결정을 단순화하기 위해서 휴리스틱이나 직관을 이용하는 경향이 있기에 초기 정보는 후속 의사결정에 직접적인 영향을 준다고 주장했다. 이들은 고등학교 학생 두 그룹을 두고 실험하였다. 8에서 1까지 줄어드는 숫자들의 곱을 추정한 중간값과 1에서 8로 늘어나는 숫자들의 곱을 추정한 중간값을 비교하는 실험이었다. 첫 번째 케이스의 추정 중간값은 2,250이었고, 두 번째 케이스의 추정 중간값은 512로 그 차이는 매우 컸다. 또 다른 실험은 전 세계 국가 수에서 아프리카 국가 수가 차지하는 비율을 추정하는 실험이었다. 초기에 10%를 제시받은 그룹은 추정치를 25%로 제시했고, 초깃값을 65%로 제시받은 그룹은 45%를 추정치로 제시했다. 이 논문은 앵커링효과 때문에 초기 시작값들이 다르면 다른 추정값들이 제시된다고 주장했다.

Northcraft and Neale(1987)은 부동산 가격 추정으로 앵커링효과를 입증했다. 이 연구에 따르면, 아마추어나 전문가가 부동산 가격을 추정할 때, 나열된 부동산 기준가의 영향을 받는다고 명시되어 있다. 저자들은 의사결정 휴리스틱과 편향이 인간들의 의사결정 행태를 이해하는 데 중요한 역할을 한다고 명시했다. 앵커링효과는 일본과 미국의 주식 시장 추세 분석에서도 나타난다. 일본과 미국의 기관 투자자 상당수는 일본 주식 시장이 미국 주식 시장의 변화에 영향을 받는다고 믿는다. 그들은 미국 주식 시장의 가격 변화가 일본 주식 시장의 가격 변동에 중요한 역할을 한다고 생각한다(Shiller et al., 1996).

Mussweiler and Strack(2000)은 차 브랜드와 신차 가격 추정을 하는 실험을 통해 앵커링효과가 존재한다는 사실을 입증했다. Ariely and Simonson(2003)도 앵커링효과를 여러 사례를 들어 증명했다. 가격 협상에서 최초 제시 가격은 매우 중요하다. 기준 가격이 협상하는 기간 내내 영향을 미치기 때문이다. 일반 협상에서도 최초로 제시한 오퍼들이 협상에 매우 강력한 영향을 준다. 왜냐하면, 상대방에서 제시하는 카운터 오퍼들은 최초에 제시된 오퍼들을 기준으로 제시되기 때문이다.

또한, 온라인 경매에서도 경매 참여자들은 판매자가 설정한 최초 입찰 가격 정보에 영향을 받는다. 조사 결과에 따르면, 초기 경매 시작 가격이 낮을수록 많은 경매 참여자들이 경매에 참여한다. 거기에 더하여, 경매 초기의 낮은 가격들은 매몰비용을 발생시키고, 사람들을 정확한 가치 판단으로부터 멀어지게 한다(Ariely and Simonson, 2003; Ku et al., 2006).

주식 투자자들은 본인이 설정한 가격 안에서 주식 거래를 집중하는 경향이 있다. 자본가들은 본인들이 지정한 가격보다 낮은 가격에 주식을 사고 지정한 가격보다 높을 때 주식을 매각한다(Verousis and Gwilym, 2014).

금융기관들의 거시경제학적 전망은 기존에 리서치기관에서 발표한 전망 수치들을 기본으로 작성된다. 앵커링효과는 금융기관들이 미국과 유럽의 거시경제학적 예측치를 전망할 때도 나타난다(Chang and Chou, 2018).

Liao et al.(2013)은 대만 주식 투자자들은 앵커링효과에 직접적인 영향을 받는다고 주장했다. 또한, 신규공모주Initial Public Offering, IPO 가격을 정할 때, 중국 투자자들은 앵커링효과 때문에 언더라이터들이 제시한 최초 가격을 참조해서 IPO 참여 가격을 정한다고 강조했다. 시각적, 숫자적 기준들이 의사결정 과정과 결괏값에 직접적인 영향을 주는 경우는 우리 주위에 매우 빈번하다(Cho et al., 2017).

앵커링효과는 법정에서도 나타난다. Englich et al.(2005)은 검사의 요구가 판사의 판결에 직접적인 영향을 미친다고 주장했다. 또한, 검사의 요구는 변호사의 변론에도 영향을 준다고 강조했다. Englich and Mussweiler(2001)는 검사의 최초 구형은 판사의 의견에 직접적인 영향을 준다고 밝혔다.

스티브 잡스는 앵커링효과를 이용하여 신제품 발표를 진행했었다. 아이패드를 처음 소개하는 자리에서 "가격은 USD 999가 아니라 USD 499로 출시한다."라고 말했다. 소비자들은 환호했고, 훌륭한 가격이라고 만족했다. 하지만, USD 999는 기준점이었다. 사람들은 정확한 사실을 알지 못할 때 기준점을 찾고 어림짐작으로 조정하면서 추론을 한다. 이때 기준점이 조정의 출발점이기 때문에 어떤 기준점에 앵커링이 되는가에 따라 판단이 완전히 달라진다. 온라인 쇼핑몰과 대형 마트에서도 할인 전 가격과 할인 후 가격을 같은 위치에 표시하여 소비자의 구매를 유도한다(유효상, 2019).

직장을 구할 때 적정 연봉에 대한 기준은 동종 업계의 연봉 수준을 참고한다. 집을 매각할 때 기준으로 잡는 가격은 집을 구매할 때 지불했던 가격이나, 이웃이 집을 매각한 가격 등을 기준으로 한다. 이러한 기준들은 수요와 공급이라는 시장의 힘과 무관할 수 있다. 예를 들면, 경제 상황이 악화하여 집값이 폭락하면 집주인들은 매물로 내놓은 집을 거두어들이는 경향이 있다. 앵커링효과 때문이다(Baddeley, 2017).

상기 내용을 정리하자면, 사람들의 머릿속에 특정한 정보나 이미지 혹은 수치가 각인되면 그것에서 벗어나 자유로운 판단을 내리기 어렵고 해당 정보 등을 기준으로 판단을 하게 되는데, 이를 행동재무학에서 앵커링효과라고 한다. 이 같은 앵커링효과는 해운과 선박금융 의사결정에서도 자주 나타나는 현상이다. 선박을 매매할 경우 매각자와 매입자는 최근 성약된 다른 동형 선박의 매매 가격을 기준으로 매입 가격과 매각 가격을 정하는 경향이 있다. 또한, 선박금융 금리 결정에서 해운사는 다른 해운 기업이 조달한 선박금융 금리와 조건을 참조하고, 선박금융기관은 내부 조달금리와 최근 집행한 다른 선박금융의 금리와 조건을 참조하는 경향이 있다.

5. 기회비용(Opportunity Cost)

합리적 선택을 위해서는 비용을 정확히 계산해야 한다. 비용이 과소평가 된다면 비용대비 편익이 크게 나타나고, 비용이 과대평가 된다면 높은 비용으로 인해 좋은 대안이 선택되지 않을 수 있다. 따라서 비용을 정확히 계산할 필요가 있는데, 이때 자주 언급되는 개념이 기회비용이다.

기회비용이란 선택에 따른 진정한 비용으로, '여러 대안 중 하나의 대안을 선택할 때 선택하지 않은 대안 중 가장 좋은 것 즉, 차선의 가치'를 말한다. 예를 들어, 2시간 동안 영화 감상, 공연 관람, 공부 중 무엇을 할까 고민하고 있다고 하자. 각 대안이 주는 만족을 환산한 금액은 영화 감상이 10만 원, 공연 관람이 15만 원, 공부가 5만 원이며 전부 무료로 얻게 된 기회이다. 이때, 초대권으로 공연을 관람하면 비용은 들어가지 않은 상태에서 15만 원의 만족을 얻을 것 같지만 이때도 지불하는 비용이 있다. 선택으로 인해 포기한 것이 있기 때문이다. 바로 차선인 영화 10만 원의 기회비용이 발생한 것이다. 공연을 관람하기로 한 경우 남은 대안은 영화와 공부이고 두 대안 중에서 가장 가치가 큰 차선인 영화 10만 원이 공연 관람의 기회비용이 된다.

상황을 바꿔 공연 관람권이 1만 원이라고 해 보자. 이 경우 공연을 선택함으로 인해 발생한 비용 즉, 기회비용은 10만 원이 아니라 1만 원을 더 추가한 11만 원이 되어야 한다. 왜냐하면 공연 입장료 구매에 지출한 1만 원은 1만 원의 가치로 다른 곳에 쓰일 수 있기 때문이다. 이 사례에서 기회비용은 공연 표 구매에 지출한 1만 원과 영화의 가치 10만 원으로 구성된다. 공연 표 구매와 같이 회계장부에 실제로 기록되는 비용을 회계적 비용 또는 명시적 비용이라고 한다. 반면, 영화의 가치와 같이 장부에 기록되지는 않지만 실제로 대가를 지불한 비용을 암묵적 비용 또는 묵시적 비용이라 한다. 기회비용은 이렇게 명시적 비용과 암묵적 비용을 더한 형태로 계산할 수 있다(KDI 경제정보센터 참조).

한편, 기회비용은 일상생활에서 빈번하게 발생하고 고민해야 하는 선택에 관한 내용이며, 소비자 행동에서 중요한 요소이다. 비즈니스 의사결정 과정에서 기회비용은 중요한 역할을 한다. 전통적 경제학 관점에서 보면 이성적인 소비자들은 그들의 선택으로 인한 결과를 정확하게 예상하고 판단하기 때문에 그들의 의사결정에서 반드시 기회비용을 고려한다(Chatterjee et al., 2016).

전통적 경제학자와 행동경제학자 모두 기회비용이 의사결정에 미치는 영향에 지대한 관심을 두고 있다. 전통적 경제학에 따르면, 기회비용은 미래에 얻을 최대의 수익을 위해 의사결정 시 반드시 고려되어야 하는 비용이다. 그러나 의사결정자들은 기회비용을 무시하거나 과소평가하는 경향이 있다(Hoskin, 1983). Thaler(1980)는 소비자의 선택에서 기회비용을 과소평가하는 경향이 있다고 주장했다.

Larrick et al.(1993)은 의사결정에 기회비용을 고려하며 살아온 사람들은 성공한 삶을 살고, 이전보다 풍요로운 삶을 사는 경향이 있다고 주장했다. 현명한 사람들은 기회비용을 이용하여 그들의 생산성과 수익성을 높인다고 명시했다. 그렇지만, 일반인들이 의사결정에서 기회비용을 정확히 고려하기는 쉽지 않다.

소득 수준과 상관없이 기회비용은 구매력을 약화한다. 소비자들이 물건을 구매할 때 기회비용 지출을 꺼리기 때문이다. 그러나, 가난한 사람들이 기회비용을 무시한다면 그들의 상황은 더욱 나빠진다(Plantinga et al., 2018).

Frederick et al.(2009)은 아이팟iPod 구매에 관한 분석 논문을 통하여 기회비용에 관한 연구를 진행하였다. 그들은 논문에서 소비자들은 가격에 민감하기 때문에 기회비용을 추가적인 비용으로 인식한다고 주장했다. 그래서 기회비용은 소비자들이 좀 더 가치가 있고, 옵션이 많고, 좋은 제품을 선택하는 것을 가로막는 경향이 있다고 적시했다. 기회비용은 구매 선호도에 직접적인 악영향을 미친다고 주장했다.

Neumann and Friedman(1978)은 부분적 정보만 이용할 수 있다면 사람들은 기회비용을 무시하거나 가치를 낮게 본다고 주장했다. 확률적인 판단을 하는 경우에 추정 결과가 명확하지 않거나 정확하지 않다고 판단하면, 추정 결과를 무시하거나 의사결정 과정에서 중요하게 생각하지 않는다(Tversky and Koehler, 1994). 기회비용은 소비자가 선택에 따른 결과를 명확하게 이해할 때에만 의사결정 과정에서 고려된다(Frederick et al., 2009).

경매에 참여하는 사람들은 해당 매물을 시장에서 제값으로 사는 것보다 경매를 통해 매입하는 가격이 더 싸다고 판단한다. 경매에 참여하는 기회비용이 실제 물건 구매비용보다 효익이 있다고 판단하기 때문이다(Phillips et al., 1991).

전통적 경제학 논문을 보면 소비자들은 의사결정에 반드시 기회비용의 지출을 고려해야 한다고 명시하고 있다. 그러나, 심리학 논문에서는 소비자들이 기회비용을 무시하는 경향이 있다고 적시하고 있다. 소비자들은 기회비용의 가치에 매우 민감하지만, 기회비용의 가치가 작다고 느낀다면 소비자들은 기회비용을 의사결정에 고려하지 않는다고 심리학자들은 주장한다(Spiller, 2011).

소비자들은 일반적으로 기회비용을 고려하지 않는다. 하지만, 기회비용의 이득이 명확하게 보이면, 기회비용을 의사결정에 고려한다. 사람들은 돈과 관련된 기회비용은 고려한다. 소유하여 수익을 창출할 수 있는 경우에도 그 기회비용의 가치를 평가한다(Chatterjee 외 다수, 2016).

Zauberman and Urminsky(2016)는 사람들이 미래에 얻을 수 있는 더욱 많은 보상보다는 현재의 작은 보상을 선호한다고 주장했다. Greenberg and Spiller(2016)는 눈에 보이는 확실한 기회비용들만 사람들의 선택에 영향을 준다고 주장했다. Read et al.(2017)는 사람들은 참을성이 없고, 미래의 수익을 위한 기회비용을 꺼리기 때문에 당장 실현할 수 있는 작은 수익을 선호한다고 주장했다.

Dijk(2017)는 기회비용은 모든 경제적인 의사결정에 영향을 준다고 명시했다. 그는 차량 구입을 예로 들어 기회비용에 대하여 설명했다. 신차는 차량 유지 및 관리비가 적게 든다. 하지만 드러나지 않는 높은 감가상각을 감내해야 한다. 반면에 중고차는 관리 유지비가 신차보다 많이 들지만, 감가상각비는 낮다. 이처럼 눈에 보이지 않는 감가상각비는 무시하는 경향이 있고, 유지·관리비 등 눈에 보이는 지출비용에만 신경을 쓰는 경향이 있다는 것이다.

Mackey and Barney(2013)는 회사들은 재투자 기회비용이 크면 그들의 사업을 다각화하기 꺼리지만, 기회비용이 적으면 사업을 다각화하려고 한다고 명시했다. 결국, 기회비용은 사업 다각화 의사결정에 직접적인 영향을 준다는 주장이다.

사람들은 다가올 미래보다는 현재의 행복을 중시하고 미래의 가치보다는 지금 당장의 가치가 훨씬 더 크다고 생각하며, 먼 훗날의 이익보다는 지금 당장 만족하고 싶은 마음이 강하다. 그렇기에 기회비용을 고려하기란 쉽지 않다. 다이어트나 금연 등이 어려운 이유도 여기에 있다고 하겠다(Baddeley, 2017; 유효상, 2019). 그러나 기대효익을 극대화하는 선택을 위해서는 기회비용을 계산하고 고려해야 한다(Larrick et al., 1993).

해운과 선박금융 의사결정에서도 기회비용은 빈번하게 고려될 것이다. 벌크선의 경우 Grab, Crane, Shallow Draft, Scrubber는 추가비용이 들어가지만, 수익 창출의 기회를 제공하기도 한다.

행동재무학과
선박금융

전통적 경제학에서는 인간이 감정에 휩쓸리지 않고 본인의 이익을 위해서 행동하는 합리적인 존재라고 전제한다. 인간을 합리적 의사결정자로 판단하기에 전통 경제학에서는 경제와 관련된 각종 문제나 비효율이 발생하면 그 원인을 시장과 정부의 기능 문제 혹은 제도 실패 등의 문제로 생각한다. 그리고 이를 교정하기 위해서 시장이든 국가든 그 기능적, 제도적 측면에 대한 분석과 주의를 기울여야 한다고 주장한다(Baddeley, 2017; Wilkinson and Klaes, 2012; Camerer et al., 2004). 하지만, 행동경제학자들은 인간은 합리적 행위자가 아니라는 관점을 지속해서 주장하였다. 행동경제학자들은 경제에서 비효율을 발견하면 그 원인을 시장의 실패나 제도의 실패가 아니라 경제 주체들 즉, 사람에게서 그 원인을 찾으려 노력했다(Baddeley, 2017; Chen et al., 2017; Barberis and Thaler, 2002).

한편, 2008년 리먼 사태와 2017년 한진해운 파산 등의 영향으로 국내 금융기관들은 선박금융 시장에서 막대한 손실을 보았으며, 민간 선박금융 시장은 그 기능을 완전히 상실했다. 특히, 해운 시장 호황기를 거쳐 해운 시황이 급락하는 시기에 예전에 발주한 선박들의 인도를 포기하지 않은 국내 해운사들은 높은 원가 때문에 경영상 어려움을 겪거나 파산하였다.

2008년 하반기부터 전 세계에 걸쳐 대규모의 선박 건조 계약이 파기되었고 선주들은 상당수의 벌크선, 컨테이너선 등의 인도를 포기했다. 이는 금융위기의 영향과 물동량 감소에 따른 해운 기업들의 생존을 위한 조치였다. 하지만, 일부 선주들은 높은 발주 선가 대비 가격이 폭락한 선박의 인도를 위해 선박금융을 조달하였고, 높은 금융원가와 운영비 그리고 폭락한 운임 시장 등의 영향으로 결국 법정관리와 파산을 신청했다.

국내 대형 선사였던 P 해운과 D1 해운 그리고 중견 해운 기업이었던 S 쉬핑과 D2 해운도 이에 해당하는 대표적인 국내 해운 기업이다. 특히, D2 해운은 발주한 선박을 포기하지 못하고 국내 2금융권에서 높은 금리로 자금을 조달하여 선박을 인도받는 선택을 했다. 그 과정에서 본 막대한 손실을 견디지 못하고 국내 K사로부터 저금리로 재금융을 지원받아 버텼으나 결국, 적자를 이기지 못하고 법정관리를 신청하고 말았다. 이러한 결과들 때문에 국내 금융기관들도 선박금융 부분에서 상당한 손실을 보고 선박금융 시장에서 철수하였으며, 현재는 국책 금융기관들의 지원에 의지하며 국내 해운 기업들은 어렵게 선박금융을 확보하고 있다.

해운 기업들이 경영상의 어려움을 겪거나 파산을 하고, 금융기관들이 막대한 손실을 본 이유는 해운 기업 경영자와 선박금융 담당자들이 행한 비합리적 의사결정 때문이라고 볼 수 있다. 특히 금리 조건에 대한 선택이나 선박금융 기간 설정에 대한 선택, 발주한 선박의 인도 결정 과정 등에서 각종 행동재무학적 오류가 생겼을 것이고, 그를 바탕으로 비합리적인 결정을 내린 사례들이 존재할 것이라 의심해 본다.

최근 사례를 보자면, COVID-19의 영향으로 3개월간 LIBOR금리는 급락하여 2020년 8월 현재 0.25%를 기록하고 있으며 10년물 Interest Rate Swap[IRS]금리 또한 0.6% 수준으로 역사상 최저 수준을 유지하고 있다.

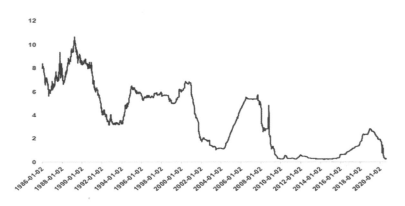

Year	1987	1988	1989	1990	1991	1992	1993	1994	1995	1996	1997	1998	1999	2000	2001	2002	2003
Year High	9.31	9.63	10.6	8.75	7.69	4.44	3.50	6.50	6.50	5.69	5.94	5.81	6.22	6.87	6.37	2.05	1.39
Year Low	6.13	6.63	8.31	7.56	4.25	3.13	3.19	3.25	5.63	5.25	5.47	5.07	4.97	6.03	1.86	1.38	1.00
Year	2004	2005	2006	2007	2008	2009	2010	2011	2012	2013	2014	2015	2016	2017	2018	2019	2020
Year High	2.56	4.54	5.52	5.73	4.82	1.42	0.54	0.58	0.58	0.31	0.26	0.61	1.00	1.69	2.82	2.80	1.90
Year Low	1.11	2.57	4.54	4.70	1.43	0.25	0.25	0.31	0.31	0.24	0.22	0.25	0.61	1.00	1.70	1.89	0.20

상기 그림과 표의 3개월물 LIBOR금리 자료를 보면, 상당한 변동성이 존재한다는 사실을 알 수 있다. 장기금융 성격인 선박금융 측면에서 보면 해운 기업들이 현재와 같이 LIBOR금리가 역사상 최저 수준일 때 선박금융을 조달한다면 고정금리로 선박금융을 조달하는 게 합리적이다.

또한, 고정금리로 자금을 조달하면 대리인비용Agency Cost을 줄일 수 있고(Wall and Pringle, 1989; Li and Mao, 2003), 회사의 차입 능력Debt Capacity을 향상하며(Graham and Rogers, 2002), 기업의 재무위기비용Costs of Financial Distress도 줄일 수 있다(Smith and Stulz, 1985; Visvanathan, 1998).

그러나 현재 금융기관과 선박금융 조달을 협의하는 다수의 해운 기업들은 여전히 변동금리를 강하게 요구하고 있다. 그들은 향후 수년간 현재와 같은 저금리가 지속할 것이라고 판단한다. 현재 다수의 금융전문가 및 언론들은 COVID-19의 영향으로 인플레이션을 우려하고 있고, 인플레이션으로 인한 금리 인상을 예상하고 있다(Hosking, 2020; Davies, 2020; Mackenzie, 2020).

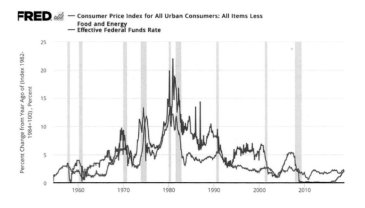

과거 미국의 연방공개시장위원회FOMC는 오일쇼크와 베트남전쟁 이후에 발생한 인플레이션 때문에 미국 경제에 문제가 생기자, 강력한 통화량 통제 전략으로 9%대였던 연방기금금리를 1년 만에 20%대까지 올려 물가를 잡았다(Cornell, 1983; Makin, 2011). 미국은 현재 COVID-19 문제로 초저금리 상태를 유지하고 있다. 그러나 COVID-19 상황이 종료된 후에 심각한 인플레이션 문제가 발생한다면 기축통화인 미 달러는 화폐개혁이 어려우므로 금리를 단기간 내에 큰 폭으로 올릴 것이다. 이 같은 상황이 발생한다면 London Interbank Offered RateLIBOR를 기초하여 선박금융을 변동금리로 조달한 해운 기업들은 상승한 이자비용을 감당해야 하므로 경영상 어려움을 겪을 가능성이 크다.

그러므로 현재와 같이 USD LIBOR금리가 낮고 COVID-19의 영향으로 금리 변동 위험성이 금융 시장에 존재한다면, 자금 조달을 고정금리로 진행하는 것이 장기적으로 최대의 효익을 얻는 방법이 될 것이다. 하지만, 다수의 해운 기업들은 금리가 낮은 현재 상황에서도 여전히 마진 극대화를 위해서 선박금융 자금 조달 시 변동금리를 선호하고 있다. 이러한 현상은 사람들이 더 많은 장기적 이득을 위해 항상 현명하게 의사결정을 진행한다고 가정한 표준재무학 모형으로는 설명하기 어렵다.

대부분의 경제학자는 경제 문제가 발생하는 원인을 개개인에게서 찾지 않고 시장과 이를 떠받치는 제도의 실패에서 찾지만, 상기 의사결정에 대한 문제점은 해운 기업 선박금융 담당자들의 비합리성에서 그 원인을 찾아야 하는 게 아닌지 의문이 든다.

고정금리 vs 변동금리

해운 기업들이 저금리 상황에서 선박금융 조달을 변동금리로 진행하면, 금리 상승 후 막대한 추가 이자를 지급해야 하고, 이로 인해 해운 기업은 경영상 어려움을 겪는다.

B 해운은 입찰을 통하여 2017년부터 시작되는 10년짜리 Consecutive Voyage Charter^{CVC} 계약을 국내 발전자회사로부터 낙찰받았다. 해당 CVC 계약은 선박 연료유 가격 상승 부분만 보전되는 운임이 고정된 계약이었다. B 해운은 해당 CVC 계약을 이행하기 위하여 2016년에 중고선 시장에서 중고 케이프 벌크선을 매입하였고, 알 선생에게 선박금융 지원을 요청하였다. 3개월물 LIBOR금리는 2010년부터 2016년 중반까지 0.2%에서 0.5% 사이를 유지하고 있었다.

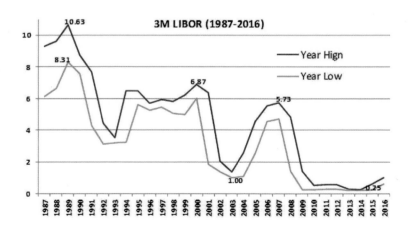

2016년 당시, 각종 금융 시장 보고서에서는 대부분 USD금리 상승을 예

측하였기에 알 선생은 B 해운에 고정금리 선순위 선박금융 대출을 강하게 권했다. 하지만 B 해운은 고정금리에 대한 기회비용 즉, Interest Rate Swap[IRS]금리와 LIBOR금리 간 차이를 수용하기 어려워했고, LIBOR금리 상승에 대한 불확실성 때문에 선순위 금융 조달을 변동금리로 진행하였다. 결국, B 해운은 5년 만기 선순위 금융을 외국계 S 은행과 LIBOR+250bps로 진행했다. B 해운이 선순위 금융을 진행하던 그 당시 USD 3M LIBOR는 약 0.6%에서 0.7%를 유지하고 있었고, 고정금리인 5년물 IRS금리는 약 1.2%에서 1.3%를 유지하고 있었다.

변동금리와 고정금리 차이는 겨우 0.5%에서 0.6% 차이였다. B 해운이 발전자회사와 체결한 CVC 운임은 선박 연료유 상승 부분에 대한 보상을 제외하고는 10년간 고정운임을 수취하는 구조였다. 운임 수익에서 원가를 제외한 순이익도 충분하지 않은 계약이었기 때문에 LIBOR금리가 급격히 올라 금융비용이 일정 수준을 넘으면 손실을 보는 구조였다. 그렇기에 CVC 계약 이행에 투입할 선박을 매입할 예정이라면 손실 리스크를 줄이기 위해 고정금리로 금융을 조달해야 한다. 그러나 B 해운이 금융 조달을 진행할 당시는 LIBOR금리가 역사적으로 낮은 수준이었기 때문에 변동금리를 선택할 필요성은 없었다.

Faulkender(2005)는 수익성이 좋은 회사들은 자금을 조달할 경우 고정금리 자금 조달을 선호한다고 주장했다. Smith and Stulz(1985), Visvanathan(1998) 그리고 Wall and Pringle(1989)은 고정금리 자금 조달이 기업의 재무위기비용Costs of financial distress을 줄이고 회사의 가치를 높인다고 언급했다. Chava and Purnanandam(2006)은 경영을 하면서 재무적으로 심각한 문제가 발생하지 않는 기업들은 자금 조달 시 고정금리를 선호한다고 강조했다. Wall and Pringle(1989) 그리고 Li and Mao(2003)는 자금 조달을 고정금리로 하면 대리인비용Agency Cost을 줄일 수 있다고 명시했다. 거기에 더하여, 고정금리로 자금을 조달하면 회사의 차입 능력Debt Capacity도 향상한다(Graham and Rogers, 2002).

B 해운과 선박금융을 논의할 시점에 발행된 각종 금융 보고서에 따르면, U.S. Federal Open Market CommitteeFOMC가 계속해서 금리를 올릴 것이기 때문에 고정금리 자금 조달을 선택하는 것이 현명한 조달 방법이라고 명시되어 있었다(Fleming, 2016; Yellen, 2016; Leininger, 2016).

거기에 더하여, 하기 그래프에서 보듯이 금리 전문가들은 USD금리가 2018년까지 3%대로 가파르게 오른다고 전망했다(Leininger, 2016). 그래서, 알 선생은 B 해운에 선순위 금융 조달을 고정금리로 진행할 것을 권유했다. 하지만, B 해운은 선순위 금융을 변동금리로 조달했다.

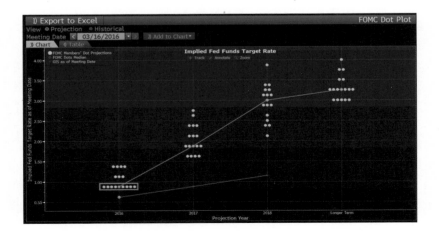

협상 당시 B 해운의 선박금융 담당자는 LIBOR금리가 계속해서 낮은 수준을 유지할 것이고, 오르더라도 미미한 정도에서 그칠 것이라고 말했다. 그리고, LIBOR금리와 IRS금리 간의 차이 즉, 고정금리 조달을 위한 기회비용인 약 0.6%의 금리는 받아들이기 어려운 높은 수치라고 언급했다.

아래 그래프에서 보듯이, USD 3M LIBOR는 2009년에서 2016년 상반기까지 0.2%에서 0.6%를 유지했으며 이는 역사상 매우 낮은 수준이었다. Bennis and Pachur(2006)는 사람들이 의사결정을 진행할 때 경험한 것과 배운 것들을 바탕으로 의사결정을 내린다고 주장했다. 또한, Cho et al.(2017)은 시각적, 숫자적 참조점이 의사결정 과정에 직접적인 영향을 준다고 사례를 들어 입증했다. B 해운의 경영진들은 이미 낮은 LIBOR금리에 익숙해져 있었다.

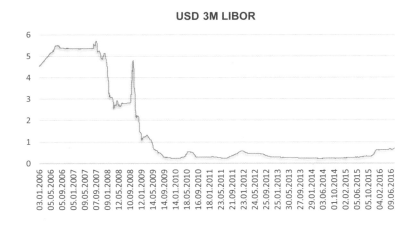

USD 3M LIBOR

Fiske and Taylor(1991)는 사람들이 의사결정을 할 때 참조점을 찾는 경향이 있다고 했다. Hertwig et al.(2004)는 사람들은 본인들이 경험한 정보를 바탕으로 의사결정을 하는 경향이 있다고 명시했다. 특히, 불확실한 상황에서 최근 경험을 근거하여 의사결정을 진행하는 경향이 있다고 주장했다. Stapel et al.(1995)은 사람들은 의사결정에 즉시 사용할 수 있는 과거 사례들을 사용한다고 주장했다. B 해운은 행동재무학 이론인 앵커링 효과와 가용성휴리스틱 영향을 받아 변동금리를 선택했을 것이다.

　해당 금융을 집행한 후 알 선생은 계속해서 LIBOR금리를 확인했다. 전문가들의 예상대로 금리는 급격히 상승하였다. 하기 그래프에서 확인할 수 있듯이, LIBOR금리는 해당 금융을 실행한 후 빠르게 상승하여 2017년 중순에 선박금융 협의 당시의 기회비용 즉, IRS금리인 1.3%를 넘어섰으며 지속해서 상승하였다. 2020년 3월부터 코로나19 전염병의 영향으로 LIBOR금리가 폭락했지만, 5년 만기 전액 분할 상환 조건을 고려해 보면 B 해운의 변동금리 선택은 코로나19에 의한 금리 폭락이라는 행운을 고려하더라도 합리적인 의사결정이었다고 보기 어렵다.

USD 3M LIBOR

지급회차	원금	3M Libor	1.30%	차액	지급회차	원금	3M Libor	1.30%	차액
1회차	10,000,000	0.95306%	-0.34694%	-8,674	10회차	4,900,000	2.59663%	1.29663%	15,884
2회차	9,450,000	1.11956%	-0.18044%	-4,263	11회차	4,300,000	2.43575%	1.13575%	12,209
3회차	8,900,000	1.22811%	-0.07189%	-1,600	12회차	3,700,000	2.12725%	0.82725%	7,652
4회차	8,350,000	1.31033%	0.01033%	216	13회차	3,100,000	1.88725%	0.58725%	4,551
5회차	7,800,000	1.54878%	0.24878%	4,851	14회차	2,475,000	0.78413%	-0.51587%	-3,192
6회차	7,225,000	2.07140%	0.77140%	13,933	15회차	1,850,000	0.31838%	-0.98162%	-4,540
7회차	6,650,000	2.32631%	1.02631%	17,062	16회차	1,225,000	0.24913%	-1.05087%	-3,218
8회차	6,075,000	2.33425%	1.03425%	15,708	17회차	600,000	0.22220%	-1.07780%	-1,617
9회차	5,500,000	2.77594%	1.47594%	20,294				차액합계	85,258

금융을 실행한 후 3개월물 LIBOR와 IRS금리 차이를 비교한 결과, 예상대로 B 해운은 변동금리를 선택하여 추가적 손실을 봤다. B 해운과 선박금융 협상 당시 IRS금리는 1.2%~1.3% 수준이었다. B 해운의 선순위 금융은 4.25년 만기로 원금을 분할상환하는 조건이었는데, 2016년부터 총 17회의 이자 상환 중 현재까지 15회차의 이자 상환이 이루어졌다. 이 중에 3개월물 LIBOR가 IRS금리보다 낮았던 경우는 5회차뿐이었다. 5회의 경우도 코로나의 영향으로 금리가 급속히 인하된 후에 발생한 2회를 제외하면, 초기 3회만 IRS금리보다 3개월물 LIBOR금리가 낮았다.

B 해운은 운임이 확정된 발전자회사 CVC 계약에 투입할 선박의 선박금융을 진행한 것이었다. 시장금리가 낮은 상황에서 금리 변동에 대한 리스크를 줄이기 위해서는 고정금리를 선택하는 것이 합리적인 결정이었다. 그러나 B 해운은 기회비용에 따른 추가 비용 투입에 대한 거부감과 변동금리와 고정금리 차이만큼의 수익 때문에 변동금리를 선택했다.

Frederick et al.(2009)은 논문을 통해서 비용 절감 때문에 기회비용이 무시되는 경우가 많다고 주장했다. Plantinga et al.(2018)는 기회비용을 무시했을 때 상황이 더 악화하는 경향이 있다고 주장했다. Zauberman and

Urminsky(2016)는 사람들이 미래의 큰 수익보다는 지금 즉시 받을 수 있는 작은 보상을 더 좋아하는 경향이 있다고 주장했다. Read et al.(2017)는 사람들은 미래 수익에 대한 기회비용을 받아들이기 꺼리고, 인내심이 약하기 때문에 즉시 획득할 수 있는 작은 보상들을 더 좋아한다고 주장했다. Baddeley(2017)도 사람들은 나중에 있을 큰 보상보다 당장 받을 수 있는 작은 보상을 불비례적으로 선호한다고 강조했다.

B 해운의 의사결정 내용은 행동재무학에 명시된 기회비용, 가용성휴리스틱, 앵커링효과로 설명할 수 있다. B 해운은 2018년에 알 선생과 추가 선박금융을 진행하면서 2016년에 변동금리를 선택했던 것을 후회했다.

전통적인 경제학 모형은 우리에게 별 도움이 못 되는 경우가 존재하는데, 그 이유는 사람들이 더욱 많은 장기적 이득을 얻을 수 있는 결정을 항상 현명하게 내릴 수 있다고 비현실적으로 가정하기 때문이다(Baddeley, 2017).

McClure et al.(2004)은 단기간에 얻을 수 있는 작은 이익과 먼 미래의 큰 이익 사이의 선택은 감정과 인지의 대립이라고 주장했다. 감정이 이기면 전자를 택하고, 지식이나 인지, 계산 등이 이기면 후자를 선택한다고 강조했다. 많은 사람이 장기적인 최선의 이익을 얻도록 의사결정과 행동을 하지 않는 이유와 해결책을 이해하는 데 노력하는 것이 행동재무학을 공부하는 사람들의 과제이다.

선박금융 업무를 진행하면서 가장 이해하기 어려운 부분 중 하나는 시장금리가 역사적으로 낮은 상황에서 해운 기업들이 변동금리를 선호하는 현상이었다. 2004년 당시 LIBOR금리는 1% 수준이었고, 국내에서 많은 선박의 발주와 선박금융 계약이 오갔다. 대부분의 해운사는 변동금리로 선박금융을 진행했는데, 1%대의 LIBOR금리는 2007년까지 급격히 상승하여 5% 후반에 이르렀다. 선가가 3,000만 불인 선박의 대출금이 2,000만 불이라고 가정할 경우의 미래자본지출을 계산해 보면 Daily 약 4,000불의 용선료가 상승한 것과 같은 결과였다. 선박금융은 중장기 달러 대출이 일반적이며, 대출에 대한 변동이자는 일반적으로 3개월물 LIBOR에 연동된다. 그러므로 금리 상승이 예상된다면 고정금리에 대해 신중히 고려해 봐야 한다.

하지만 해운사는 당장의 수익을 극대화하기 위하여 변동금리를 선택하는 경향이 있다. 특히 IRS금리와 LIBOR금리의 차이가 클수록 고정금리를 선택하지 않는 경향이 있다. 이 같은 결정은 선박의 미래자본지출에도 직접적인 악영향을 준다. 실제로 선박금융 업무를 시작하고 나서 변동금리를 선택하여 막대한 이자비용을 지출하는 회사를 많이 보았다.

2. 엔 캐리(Yen Carry) 금융

엔 캐리를 이용하여 수익을 창출하고 이윤을 극대화하는 전략은 이미 금융 분야에 많은 성공 사례가 있고, 널리 통용되는 금융기법 중 한 가지이다. 해운에서도 예외는 아니었다. 특히, C 상선 K 회장님의 엔 캐리를 이용한 해운 성공 신화는 한국의 많은 해운인에게 영향을 주었다.

USD/JPY

다음은 A 선사의 사례이다. A 선사는 1995년 5월 31일에 USD 30M의 선박을 중고로 구입하였다. A 선사는 USD 20M의 대출금이 필요하였고 달러와 엔화로 모두 자금 조달이 가능하였으며 이자율은 각각 2%로 조달할 수 있었다. A 선사는 일본계 은행에서 과감히 엔화 금융을 조달하였다. 2,000만 불에 해당하는 엔화 16억 6,940만 엔을 7년 만기로 조달하였으며, 매년 원금 8,347만 엔을 갚는 조건으로 차입을 하였다. A 선사는 해당 선박을 인도받은 후 A급 해운사에 7년 동안 대선을 내보냈고 용선료는 USD로 수취하였다. 운 좋게 엔화는 달러에 대해 약세가 지속했으며, A 선사는 달러 조달 대비 이자율 절감이라는 이점을 누렸다. 엔화 조달로 인해 실제 이자율은 USD 1%대로 유지되었다.

엔화 금융	1996-05-31	1997-05-31	1998-05-31	1999-05-31	2000-05-31	2001-05-31	2002-05-31
원금-달러 조달	1,000,000	1,000,000	1,000,000	1,000,000	1,000,000	1,000,000	14,000,000
원금-엔화 조달	792,612	659,842	626,323	691,263	769,663	684,124	9,094,008
이자-달러 조달	400,000	380,000	360,000	340,000	320,000	300,000	280,000

이자-엔화 조달	317,045	250,740	225,476	235,029	246,292	205,237	181,880
달러 이자율	2.00%	2.00%	2.00%	2.00%	2.00%	2.00%	2.00%
엔화효과 이자율	1.59%	1.32%	1.25%	1.38%	1.54%	1.37%	1.30%

원금 상환에서도 A 선사는 엔화 금융을 통해 막대한 추가 이득을 취했다. 다음 그래프처럼 원금 상환액이 줄어드는 효과를 얻었다. 상환해야 할 원금이 줄어드는 경이로운 경험을 하게 되었다.

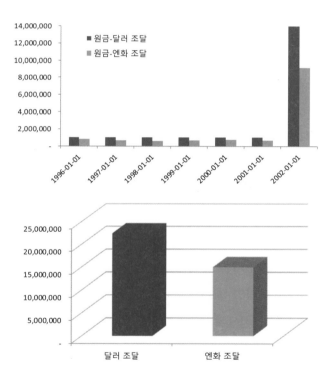

전체 상환 금액에서도 효과가 엄청났음을 발견할 수 있었다. 용선료 수익은 USD이고, 대출 상환액은 JPY로 엔화 약세에 따라 대출 금액이

크게 감소하는 효과가 발생하였다. A 해운은 7년 후 선박을 매각하여 막대한 이득을 얻었다. 엔 캐리 금융의 위대함을 A 선사는 경험했다. A 해운은 엔화 금융을 통해서 아무런 노력 없이 환율 변동만으로 USD 7.4M의 막대한 추가 이득을 보았다.

일본의 금융 시장은 엔저현상이 지속되다가 2009년에 들어서 엔화 환율이 90엔대까지 올랐다. 이 시기에 국내 H사는 엔화를 이용한 선박금융을 결정하였다. H사는 알 선생과 일본 M 상사를 선순위 대주로 하는 선박금융을 진행하였다. 일본 조선소에서 건조하는 신조선의 경우 전통적인 상사금융이 지원되는데, 일본 상사는 적극적으로 해운사에 엔화 대출을 권유한다. H사의 경우 오랜 선박금융 노하우를 가지고 있었기에 JPY 대출을 매우 긍정적으로 고려하였으며, 과거 환율 변동 추이를 분석한 후 엔화JPY 선순위 선박금융을 선택하였다. H사의 경영진과 담당자는 과거 10년간 100엔대 이상의 엔저현상이 유지되었기에 엔저 전망에 대하여 강한 확신을 가지고 있었다.

2010년 4월 20일 H사는 M 상사로부터 선순위 자금을 엔화JPY로 조달하였다. 자금 집행 당일 USD/JPY의 환율은 92.39엔이었다. 그러나, 시간이 흐를수록 결과는 H사의 예상을 벗어나기 시작했다. 기대와는 달리 엔화 강세가 이어졌고, USD/JPY 환율은 자금 집행 이후 76엔대까지 올라버렸다. 원리금 절감보다는 막대한 추가 손실이 발생한 것이다. 엔화는 2013년 2월이 되어서야 겨우 92엔대를 회복했다.

Amos와 Daniel이 1971년에 작성한 「Belief in the Law of Small

Numbers」와 1974년에 발표한 「Judgment Under Uncertainty」에 대표성의 오류를 언급했는데, 표본이 적거나 실행횟수가 적더라도 사람들은 일반적으로 그 결과가 모집단을 대표한다고 믿기 때문에 도박사의 오류를 범한다고 설명했다.

일본 엔화의 환율은 1995년부터 2008년까지 계속해서 세 자릿수를 유지했다. 2010년 알 선생과 선박펀드 조성 업무를 진행할 때, H사의 경영진과 담당자는 엔화의 환율이 90엔대로 높아지자 엔 캐리 금융을 선택했다. 과거 엔화 변동 추이와 시장의 약세 전망 등이 그 이유였다. H사 담당자는 업무 협의 시 과거 10~15년간 엔화 환율을 예로 들면서, 엔화 약세 복귀에 강한 확신을 가지고 있었다. 행동재무학에 언급된 전형적인 가용성휴리스틱과 앵커링효과 그리고 도박사의 오류효과였다.

Paul과 Ellen은 2006년에 게재한 「Risk Perception and Affect」 논문에 인간이 어떠한 대상에 호의적이면 그 대상을 판단할 때 이익이 높고 위험이 낮다고 판단하고, 비호의적으로 바라보면 그 대상은 이익이 낮고 위험이 크다고 판단한다고 명시했다. Melissa, Ali, Paul, Stephen이 2000년에 발표한 「The Affect Heuristic in Judgments of Risks and Benefits」 논문에서도 인간의 인지 관점이 의사결정에 직접적인 영향을 미친다고 밝혔다. 어떠한 대상에 대해서 그 대상이 유발하는 이익이 높다고 인지하면 그 대상에 대한 위험이 낮다고 인식하고, 그 대상의 위험에 대한 인식이 높으면 이익에 대한 인식이 낮아진다고 밝혔다.

2010년 초 금융 시장의 엔화 환율 전망은 약세를 전망하고 있었다.

KEB는 2010년 초, 연간 전망 보고서에서 2010년 상반기 95엔, 하반기는 105엔까지 엔화 약세를 전망했다. 삼성증권의 2010년 3월 보고서에 따르면, 일본 정부의 엔화 약세 유도에 따라 엔화는 약세 분위기가 이어질 것이라고 전망했다. 하이투자증권의 2010년 1월 경제 분석 보고서에도 일본 정부의 엔화 약세 지지 정책에 따라 엔화는 약세로 갈 것이라고 전망하였다. 이러한 시장 분위기 또한 H사의 엔화JPY 선박금융 의사결정 선택에 영향을 주었을 것이라 생각한다.

H사는 1995년부터 2008년의 엔 환율이 모집단을 대표한다고 믿었기 때문에 과감히 엔화 금융을 선택했다. 이는 또한 100엔대 이상으로 환율이 복귀할 것이란 평균으로의 회귀 이론을 잘못 이해한 것이라고 평가할 수 있다. 아래의 그래프 추이를 보면 상기 그래프와는 방향성이 다르다는 사실을 확인할 수 있다.

USD/JPY 환율

2010년 4월 20일 H사는 M 상사로부터 선순위 자금을 JPY로 조달하였다. 자금 집행 당일 USD/JPY의 환율 시가는 92.39엔이었다. 시간이 흐르고, 결과는 H사의 예상을 크게 벗어나기 시작했다.

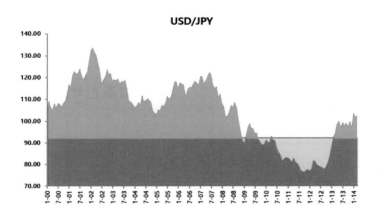

USD/JPY

기대와는 달리 엔화 강세가 이어졌고, JPY/USD 환율은 76엔대까지 계속해서 오르다가 2013년 2월에서야 92엔대를 회복했다.

해당 선박은 중국의 허베이스틸에 장기 운송 계약이 맺어져 있었고 철광석을 운반하고 있었다. 당연히 운임은 USD로 받는다. 엔고현상은 본 선박 자체의 수익성만 놓고 보면 2013년까지 막대한 추가 손실을 초래하였다. 2013년까지 지급한 원리금은 막대한 추가 손실을 발생시켰지만 반전은 있었다. 마지막 원금 잔액 액수가 커서 그동안 입은 대규모 손실을 상쇄할 수 있었다.

상기 그래프를 보면 알 수 있듯이, 만약 해운사가 2011년과 2012년에 엔화 금융을 조달했다면 막대한 수익을 얻을 수 있었다. 70엔대의 엔화 환율이 120엔대까지 지속해서 올라갔기 때문이다. 노르웨이의 KS펀드도 자국의 크로네를 적극적으로 선박금융에 이용한다. 선박금융 담당자는 선박금융 조성 시 환율을 이용한 선박금융을 고려해 볼 필요가 있다.

3.   발주 선박의 인도 결정

2007년 A 해운은 홍콩 선주가 중국 조선소에 건조 계약한 여섯 척의 수프라막스 선박을 척당 USD 44.5M에 매입했고, 계약금으로 척당 USD 6.675M을 지급했다. 해당 선박의 시장 가격은 2010년에 척당 USD 34M이었으며, 수프라막스 선박의 시장 매매 가격은 계속 하락하는 추세였다.

이 시점에 A 해운은 알 선생에 건조한 선박의 인도대금과 관련된 선박금융 지원을 요청하였다. 척당 인도 잔금은 USD 37.825M이었으며, 당시 해당 선박의 시장 가격은 척당 USD 34M이었다. 알 선생은 밀려 있는 신조 선복량과 하락세인 해운 시황 등을 고려하여 해당 선박의 인수를 포기할 것을 권고하였으나, A 해운은 기납부된 계약금 등을 이유로 선박금융 지원을 요청하였다. 해당 시점은 계약서에 명시된 선박 인도 납기일이 지난 시점이었기에 계약 파기에 큰 문제가 없는 상황이었지만, A 해운은 끝내 선박금융을 지원받아 해당 선박들을 조선소로부터 인도받았다.

Stopford 박사가 집필한 『해운경제학Maritime Economics』 3편을 보면, 해운 시장에서 시황에 영향을 주는 수요 측면 요소들은 국제 경제 상황, 해상 물동량, 톤-마일, 대형 이벤트 등이고 공급 측면의 요소들은 전 세계 선복량, 선박의 생산성, 조선소 생산성, 스크랩 등이라고 명시되어 있다. 이 같은 내용은 해운 업계 종사자들에게 일반적 상식이다(Stopford, 2009a). 또한, Stopford 교수는 그의 저서에서 과거 수치와 데이터를 보면 명확하게 해운은 경기 사이클이 존재하는 산업이고, 리먼 사태 이후 해운 시장은 장기 불황이 예견된다고 밝혔다. 한편, 해운 전문가들은 2000년대 후반에 들어서면서 2000년대 중반 역사상 유례없는 초호황기를 겪었던 해운 시장을 비관적으로 예상하고 있었다(Sand, 2010; Stopford, 2009b).

Year	2000	2001	2002	2003	2004	2005	2006	2007	2008	2009
World Seaborne Trade (Million tonnes)	6,109	6,150	6,319	6,676	7,127	7,439	7,794	8,118	8,336	8,002
Bulk Carrier Fleet (Million DWT)	267	275	287	295	302	322	345	368	392	418
Handymax Fleet (Million DWT)	45.2	46.1	50.4	54.5	57.3	61.4	66.9	71.8	77.2	83.7
Handymax deliveries (Million DWT)	2.0	5.1	4.6	3.4	4.2	5.5	5.0	5.4	6.9	10.5
Handymax orderbooks (Million DWT)	6.5	9.9	7.1	7.9	12.9	14.6	15.7	24.4	51.6	64.7

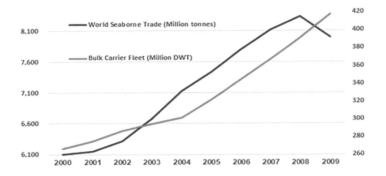

위 그래프와 표에서 보듯이, 벌크선의 척수와 선복량은 2009년까지
빠르게 증가했다. 2009년에는 전 세계 해상 물동량 증가 추세에 제동이
걸리고 해상 물동량이 전년도보다 줄었으나, 벌크선 선복량은 계속해서
증가했다. 아래는 중국 조선소들에 2009년까지 발주된 신조 발주량을
나타낸 그래프이다.

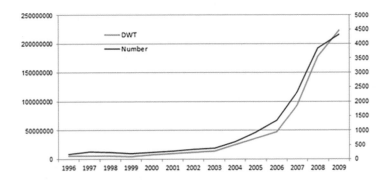

중국 정부는 자국 내 실업 문제와 사회 문제들을 해결하기 위해서 대
규모로 조선소를 건설하였는데(Ludwig and Tholen, 2006), 이러한 결과로
2000년대 후반부터 전 세계 해운 시장에 선복량이 전보다 더 빠르게 증
가하게 되었다.

2010년 A 해운이 알 선생에게 선박금융을 의뢰할 당시 과거 데이터를 확인해 본 결과, A 해운이 2007년에 신조 발주하여 건조 중인 수프라막스 선박을 척당 USD 44.5M에 구매하기로 한 것은 현명한 투자 결정으로 보기 어려웠다.

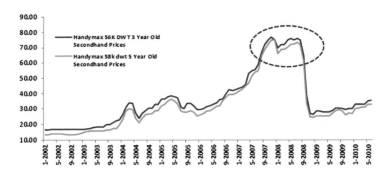

Year	2001	2002	2003	2004	2005	2006	2007	2008	2009	Average	Except Year 2007
56K 3 Year old	16.5	16.8	23	33	29.5	42.5	75	26.5	30	32.5	27.2
56K 5 Year old	13.3	14.3	20	29	25.5	40	75	24.5	27	29.8	24.2

2007년도는 해당 선박의 중고선가와 신조선가가 역사상 최고치를 기록하던 시기였다. 지속해서 해운 시장에 공급될 신조 선복량을 고려할 경우, 해운사는 2010년 해당 선박을 인수하는 것보다는 계약을 해지했어야 하는 시기였다. 클락슨이 정기적으로 제공하는 2010년 상반기 시장 보고서에서도 신조 선박의 어마어마한 인도 물량 때문에 수프라막스 운임 시장은 지속해서 어려움에 직면할 것이라고 예측했다.

A 해운사가 2007년 기존에 계약된 신조 계약을 척당 USD 44.5M로

구입할 당시, 건조 후 5년 된 수프라막스 선박의 실제 거래 중고 선가는 USD 75M이었다. 2007년 A 해운사의 경영진은 매입을 고려했던 해당 신조 계약의 가치가 최소한 USD 44.5M보다는 높을 거라고 판단했을 것이다. 협상 당시 해운사 선박금융 담당자들은 해당 선박이 과거에 USD 70M 이상으로 거래되었던 선박이었기에 해당 선박들을 인도받기로 결정했다고 언급했다. 이는 행동재무학 이론 중 앵커링효과의 단적인 예라고 볼 수 있다.

한편, Whyte and Sebenius(1997)는 불확실한 상황에서 사람들이 의사결정을 할 때 참조점의 영향을 받는다고 주장했다. Wright and Anderson(1989)도 앵커링효과가 사람들의 의사결정에 지배적인 역할을 한다고 명시했다. 앵커링효과는 행동재무학 이론 중 하나로 A 해운의 선박금융 의사결정에 영향을 주었다.

A 해운은 2010년 알 선생에 선박금융을 요청하기 전에 해운 시장에 대해 냉철히 분석하고 판단했어야 했다. 그리고 해당 선형의 경제적 가치가 높지 않다는 사실을 인지했어야 했다. 하지만, A 해운은 해당 선박들이 계약서상 명시된 납기일을 넘겼음에도 불구하고 계약을 포기하지 않았고, 선박금융을 진행하여 해당 선박들을 인도받았다.

그들은 알 선생과 선박금융 업무 진행 시 시장 선가가 발주한 선박의 인도 잔금보다 낮았지만, 이미 상당한 계약금을 납부한 상태였기에 선박 인도를 포기할 수 없었다고 설명했다. 만약 선박 인도를 포기하면, 이미 납부한 계약금에 대해 손실을 인식해야 하고 이는 곧 경영상의 실패로 평가되기 때문에 해당 선박의 인도대금 확보를 위해 선박금융을 진행해야 한다고 언급했다. 그리고 A 해운의 경영진들은 언젠가 해당 선가가 다시 회복되고, 해당 선박들이 수익을 창출할 것이라 생각했다.

Garland(1990)는 매몰비용이 추가적인 투자 결정에 직접적인 영향을 준다고 주장했다. Arkes and Blumer(1985)는 사람들이 투자 과정에서 자신의 선택이 잘못되었다는 것을 인지한 후에도 해당 투자 건에 대한 투자 중지 및 철회를 실행하지 못하는 이유를 설명하였다. 그중 가장 주된 이유는 투자를 중단하면 당장에 닥칠 손실을 인정해야 하며, 집행된 의사결정이 잘못된 것이었다는 걸 자인해야 하기 때문이라고 주장했다. Arkes and Ayton(1999)은 사람들이 실패한 프로젝트에 집착하는 경향이 있는데, 그 이유는 이미 투입된 자원들이 낭비로 평가되는 것을 원하지 않기 때문이라고 하였다.

A 해운은 수프라막스 선박을 인도하기 위해 금융 조달을 진행하면서 매몰비용의 오류와 앵커링효과의 영향을 받았다. 해당 선박의 과거 선가와 이미 지급된 상당한 계약금, 그리고 건조 계약 선가가 선박금융 의사결정에 영향을 준 것으로 판단된다. 만약 A 해운의 선박금융 의사결정자들이 2010년에 알 선생의 조언대로 해당 선박들의 인수를 포기했다면, A 해운은 대규모 추가 손실을 피할 수 있었을 것이다. 해당 수프라막스 선박들이 영업 전략상 A 해운에 꼭 필요한 선박이었다면, 해당 선형을 시장에서 용선하여 운영하다가 2011년 혹은 2012년에 USD 20M 초반대로 시장에서 매입하는 방식을 선택하는 편이 더 나았다. 그러나 A 해운은 해당 선박을 인도하는 시점까지 용선처나 장기 화물을 확보하지 못했고,

그렇기에 해당 선박을 인도한 후 인덱스 연동 운임 방식으로 다른 해운 사에 대선을 내보내게 되었다.

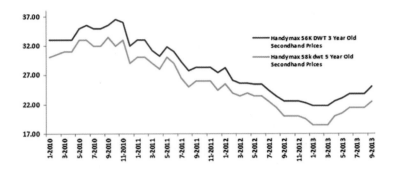

알 선생의 인도 포기 권유에도 불구하고 A 해운은 해당 선박의 인도를 위하여 선박금융 조달을 진행했으며, 시황 하락에 따른 영향으로 추가적 손실을 보았다. 이러한 A 해운의 의사결정은 행동재무학에 명시된 매몰 비용 오류와 앵커링효과로 설명할 수 있다.

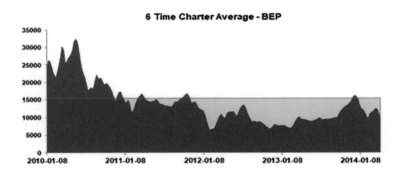

해당 선박들의 운임 수입과 선박 인도를 위해 집행된 선박금융 관련 비용을 비교해 보니 각 선박은 상기 그래프처럼 금융 만기일인 2014년까

지 대규모의 손실을 발생시켰다.

A 해운은 상기 선박금융을 알 선생과 진행하였고, 2010년 7월부터 순차적으로 인도된 선박들은 지속해서 A 해운에 손실을 발생시켰다. 위 그래프의 빨간 선으로 표시된 부분이 손익분기점이고 파란색이 실제 운임수입을 나타내는 것이다. 선박 인도를 포기하지 않고 해당 수프라막스 선박들을 인도받아 발생한 A 해운의 추가적 손실 규모는 컸다. 특히, 2012년과 2013년에 A 해운이 입은 척당 일일 손실액은 USD 5,000이 넘었다. 2년간 발생한 순손실액 규모는 척당 USD 4M보다 많은 액수였고, 이 손실 금액에는 초기 투입된 건조 계약금은 포함되지 않았으니 실제 순손실 금액은 이보다 더 큰 규모일 것이다. 결국, A 해운은 2011년에 법정관리를 신청했다.

4. 금융 만기 결정

리먼 브라더스 사태로 발생한 금융위기 이후, 비정상적으로 금리가 높아진 시기에 중장기 선박금융을 조달한 해운사는 적자가 계속되어 법정관리를 신청하거나 파산하였다. 국내 K1 금융기관은 2009년부터 L 선박펀드를 조성하여 국내 다수의 해운사에 선박금융을 지원했다. 그러나 해당 선박펀드의 배당 수익률은 최저 연 12%가 넘는 고금리였다. L 선박펀드를 이용했던 다수의 선박금융 담당자는 금융 조달 업무를 진행하면서 단기가 아닌 장기 선박펀드를 선택한 것에 대해 매우 후회했다. 당시에 이용했던 L 선박펀드는 5~6년이 만기였기 때문이다. 해당 해운 기업들은 리먼 사태가 터진 후 선박금융 조달이 거의 불가능했던 시기였기에 울며 겨자 먹기로 고금리인 L 선박펀드를 이용할 수밖에 없었다. 그러나 비정상적이었던 금융 시장은 빠르게 정상화되었고 2012년부터는 시장에서 안정된 금리로 선박금융을 조달할 수 있었다. 결국, 상기 기업들은 조기 상환과 재금융 시 발생하는 추가비용 때문에 어쩔 수 없이 금융 만기일까지 높은 선박금융 비용을 계속해서 지급해야 했다.

2008년 리먼 브라더스 사태 이후, 국내 금융 시장에서 선박금융을 조달하는 것은 거의 불가능했다. 이러한 상황은 우리나라 최대 규모, 최고 신용도를 가진 해운 기업 중 하나인 C 해운도 예외는 아니었다. 해운 시장의 붕괴와 유동성 문제로 C 해운은 알 선생에게 열일곱 척의 대출 잔액이 없는Debt-free 선박에 대한 재금융을 의뢰하였다.

그 당시 국내 기업의 달러 금융 조달은 매우 어려운 상황이었다. 국내에서 최고의 신용도를 자랑하는 기업 중 하나인 포스코POSCO가 해외에서 어렵게 조달한 5년 만기 달러 채권의 연 금리가 USD 8.95%였다. 이러한 상황에서 5년 만기 연 USD 8.5% 금리 조건을 C 해운은 흔쾌히 받아들였다. 그러나, C 해운이 조달했던 과거 선박금융 금리를 보면, 8.5%는 수용하기 어려운 매우 높은 금리 수준이었다. 금융위기 전 C 해운의 선박금융 조달금리는 LIBOR+50bps 전후였기 때문이다.

C 해운의 경영진은 당시의 비정상적 금융 상황이 오래 지속되지는 않을 것이라고 생각하고 있었으며, 단기간 내에 금융 시장이 정상화되고

시장금리가 내려갈 것이라고 예상했다. 그러나, C 해운은 알 선생의 권유를 무시하고 2~3년의 단기금융보다 5년 만기의 중기금융을 요청했다. 2~3년 이내에 저금리로 다시 금융을 확보할 수 있을지에 대한 확신이 없었기 때문이다.

C 해운 선박금융 담당자들은 리먼 브라더스 사태 직후 금융 시장이 붕괴하고 선박금융 조달이 불가능한 상황들을 경험하여 단기금융보다 5년 만기 중기금융 조달을 선택했다. 2~3년 이내에 금융 시장이 정상화되어 재금융을 할 수 있다는 확신이 없었기 때문이었다. 이러한 의사결정은 행동재무학 이론인 가용성휴리스틱, 확실성 추구, 손실 회피성 이론과 부합된다. Tversky와 Kahneman(1973; 1979)은 사람들이 의사결정을 진행할 때 가용성휴리스틱과 손실 회피성, 확실성 추구 등의 행동재무학적 오류들이 의사결정에 직접적인 영향을 준다고 주장했다.

Stapel et al.(1995)은 논문을 통해서 가용성휴리스틱이 의사결정에 영향을 준다고 강조했다. 이는 사람들이 과거 사례에서 얻은 경험을 바탕으로 미래와 관련된 의사결정을 하는 경향이 있다는 내용을 담고 있다. C 해운의 경영진과 선박금융 담당자들은 2008년 금융대란 후 선박금융 시장이 제 기능을 완전히 잃었던 것을 경험했다. 그렇기에 조달하고자 하는 금융이 비정상적으로 높은 금리임에도 불구하고, 금융 기간을 단기가 아닌 중기로 선택했다. 단기간 내에 금융 시장이 정상화되어 금리가 내려가고 선박금융 조달이 용이해질 것이라는 확신이 없었기 때문이다. Meng and Weng(2018)은 손실 회피 성향은 인간의 기본 성향이며, 의사결정에 직접적인 영향을 준다고 언급했다. 이를 종합해 보면 C 해운의 의사결정은 행동재무학 이론들과 일치한다.

그러나 금융의 만기 시점에 분석해 보니, 손실 회피성과 확실성 추구에 따른 C 해운의 의사결정은 최상의 결과를 끌어내지는 못했다. 실제 선박금융 의사결정에서 가용성휴리스틱, 확실성 추구와 손실 회피성에 따른 의사결정들이 현명하지 못했던 의사결정으로 평가되는 경우는 빈번하게 존재한다.

연합 인포맥스의 자료에 따르면, 삼성전자는 1997년에 USD 460M 규모의 양키본드를 미국에서 발행하였는데, 쿠폰금리가 USD 7.7%였다. 이 채권은 30년 만기로 발행되었는데 조기 상환을 할 수 없어 여전히 높은 금리의 쿠폰을 지급하고 있다. 채권자의 입장에서는 수익성과 안정성을 갖춘 최고의 투자였지만, 삼성전자 입장에서는 회사 신용도와 어울리지 않는 고금리를 지급하는 상황이다. IMF 금융 대란 시기에 삼성전자는 안정적으로 달러를 확보하기 위해 고금리 장기 채권을 발행했지만, 지금 생각해 보면 비합리적인 금융 조달이었다.

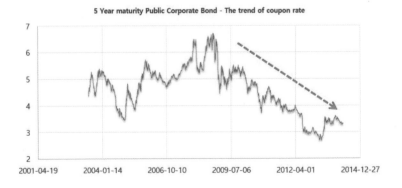

5 Year maturity Public Corporate Bond - The trend of coupon rate

앞의 그래프는 인포맥스 데이터베이스에서 확인한 국공채 5년물 쿠폰 금리를 정리한 것이다. 2008년 리먼 사태로 급등한 채권금리가 그 후 급속히 하락하여 2012년 중순까지 내려간 것을 알 수 있다. 채권 시장을 보면 2010년 이후 리먼 브라더스 사태의 영향에서 완전히 벗어난 것을 알 수 있다.

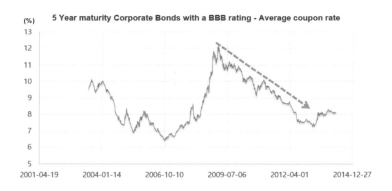

위의 그래프는 신용등급 BBB 5년 만기 무보증회사채금리를 인포맥스 데이터베이스에서 확보하여 정리한 그래프이다. 상기 그래프에서도 알 수 있듯이, 금리는 2008년 리먼 사태 이후 지속해서 하락하는 경향을 볼 수 있다. 선박금융은 선박이 담보로 제공되고, 해운사가 지급을 보증하기 때문에 일반 무보증회사채금리와 비교하기에는 무리가 있다. 선박금융 조달금리가 해당 해운 기업의 회사채발행금리보다는 낮기 때문이다.

Execution Date	Jul-2009		Dec-2009	Apr-2010			Jul-2010	Dec-2011			
Companies	H2	H1	H2	H3	H1	H2	D1	D2	D3	S1	H2
Interest rate	8.00%	8.50%	8.25%	6.20%	7.25%	7.00%	7.25%	5.00%	4.75%	5.25%	4.75%

위의 테이블은 국내 해운사에 지원된 K 선박펀드의 후순위 달러금리 수준을 보여 주고 있다. 테이블에서 볼 수 있듯이 후순위 지원금리는 2011년에 급격히 낮아졌다. K사의 달러 조달금리가 내려갔기 때문이다. 아래 테이블은 2009년부터 발행된 C 해운의 회사채금리를 정리한 표이다. 표를 보면, 2011년부터 무보증회사채금리가 5% 이하로 내려간 것을 알 수 있다.

Bond	Issue Date	Maturity Date	Coupon Rate
Shipping 66-1	2009-07-29	2011-07-29	6.40%
Shipping 66-2	2009-07-29	2012-07-29	7.00%
Shipping 68	2010-02-17	2013-02-17	6.95%
Shipping 69-1	2010-05-24	2013-05-24	5.60%
Shipping 70-1	2011-03-08	2014-03-08	5.20%
Shipping 71-1	2011-06-27	2014-06-27	4.95%
Shipping 73-1	2011-09-30	2014-09-30	5.40%
Shipping 75	2012-04-06	2015-04-06	5.85%
Shipping 76-1	2012-06-07	2015-06-07	5.25%
Shipping 77-1	2013-04-02	2016-04-02	5.80%
Shipping 77-2 USD	2013-04-02	2016-04-02	3.65%
Shipping 78	2013-05-23	2017-05-23	2.00%

다음 테이블은 선박금융 관련 전문 잡지인 『마린머니』에서 제공한 C 해운의 선박금융 조달금리이다. 2009년 K사에서 조달한 선박금융 금리보다 상대적으로 선박금융 조달금리가 낮은 것을 확인할 수 있다.

Financier	Finance	Type	Amount	Interest rate	Execution	Expiry Date
BNP Paribas	Ship Finance	Container ship	USD 657.8M	L+0.57%	2011	2022
J.P. Morgan	Bond	Convertible Bond	USD 150M	4%	2011	2016
KDB	Ship Finance	Bulk carrier	JPY 3,055M	3.99%	2013	
KDB	Ship Finance	Bulk carrier	JPY 3,055M	3.99%	2013	

인포맥스와 마린머니의 데이터베이스를 살펴보면, C 해운의 선박금융 조달금리는 리먼 브라더스 사태 이전에 LIBOR+50bps 전후였다. 리먼 사태 이후 금융 시장이 붕괴하고 C 해운은 선박금융 조달이 불가능했으며, 시장이 정상화된 후에도 금리 수준은 LIBOR+300bps 이상으로 높게 나타났다.

2009년과 2010년에는 선박금융 조달이 거의 불가능했으며, 조달이 가능하다고 하더라도 매우 높은 수준의 금리가 요구되었다. 하지만, 2011년이 되면서 선박금융 시장은 조금씩 정상화되기 시작했다. 2011년에 K사가 선박펀드를 조성할 당시 독일의 DVB은행과 Nord LB은행, 그리고 여러 싱가포르 소재 은행에서 K사가 조성하는 선박펀드에 대주단으로 참여하고 싶다는 의사를 전했다. 그들이 제공하겠다고 약속한 금리 수준은 LIBOR+250bps 수준이었으며, K사는 2011년 실제 DVB은행과 2% 초반의 낮은 금리로 다수의 선박펀드를 조성하였다. 2012년의 선박금융 시장 금리 상황은 2011년과 유사한 수준으로 낮았다. 2013년에는 약간의 금리가 오르긴 했지만 여전히 낮은 수준이었다.

C 해운은 2012년 중순부터 K사에 지속해서 조기 상환을 요청했다. 해당 선박을 이용하여 재금융을 한다면 2009년 대비 훨씬 낮은 금리로 더 많은 자금을 조달할 수 있기 때문이었다. 그러나, 조기 상환을 진행할 경우 막대한 비용이 발생하기에 실행으로 옮기지는 못했다. 해당 펀드는 2009년 당시 원화 채권을 발행 후 통화금리 스와프Cross Currency Interest Rate Swap를 체결하여 조달된 달러를 해운사에 공급한 달러펀드였기 때문이다. C 해운은 조기 상환 비용 때문에 시장의 조달금리가 매우 낮아

졌음에도 불구하고, 조기 상환을 통한 재금융을 하지 못하게 되었다. 단기가 아닌 중기 대출을 선택한 결과로 해당 해운사는 만기까지 시장금리 대비 연 3% 이상의 이자비용을 추가로 지급하는 대가를 치렀다.

C 해운은 2009년 선박금융 의사결정 당시 행동재무학 이론에 명시된 가용성휴리스틱의 영향으로 손실 회피성과 확실성 추구에 집중된 의사결정을 진행하였고, 이러한 선택은 C 해운의 입장에서 최적의 의사결정이었다고 판단하기 어렵다.

국내의 초대형 화주인 K사는 운항사들을 통해서 다수의 LNG선 신조 금융을 진행했다. 2000년대 초에 조달한 선순위 금융의 금리는 L+30bps 수준이었다. 그러나 2009년 재금융 시점에 리먼 사태의 영향으로 재금융 진행 자체에 어려움을 겪었으며, 5년 만기 선박금융을 L+300bps 수준으로 진행하였다. 조달금리는 10배로 상승하였다. K사의 입장에서는 큰 충격이었을 것이다. 이 경우 재금융을 할 때 조기상환 조항과 풋옵션을 계약서에 반드시 넣어야 한다. 하지만, 재금융 시 발생하는 금융 조달 수수료 등의 지출은 각오해야 한다. 인력과 시간, 수수료 등이 또다시 투입되기에 금리 차이가 충분히 크지 않다면 대부분 재금융을 시도하지 않는다. 그러므로 금융 조달 시 담당자들은 금융 기간을 설정할 때 매우 신중해야 한다.

4

Financial Modelling –Ship Finance

선박금융을 확보하려면 해운사 선박금융 담당자들은 금융쟁이들의 니즈를 맞추어야 한다. 대형 해운사는 선박금융 조달에 별다른 어려움이 없으나, 중소 해운사는 선박금융 담당자와 CEO의 역량, 노력 등에 성패가 달려 있기 때문이다.

해운 기업은 아름다운 스토리가 있어야 하며 회사를 소개하는 자료를 최대한 아름답게 포장해야 한다. 스토리가 있고 포장이 아름답다면 중소 해운사도 충분히 경쟁력 있는 금리로 금융을 조달할 수 있다. 그리고 외국계 은행에서도 자금 조달이 가능하다. 그들이 원하는 그림과 숫자를 만들어 주는 것이 매우 중요하다. 그것이 PM의 능력이다.

운영 중인 용선선과 소유 선박들에 대한 특징과 장점을 명확하고 간결하게 설명하고, 운항 중인 루트와 수익성 등을 한눈에 볼 수 있게끔 간결하고 깔끔하게 작성하여야 한다. 거기에 더하여 회사 인적 자원들의 우수성을 과시하면 더 좋다.

해운의 꽃은 채터링이며 그다음은 S&P라고 한다. 이 두 가지를 이해하려면 선박금융을 알아야 한다. 사람은 아는 만큼 보이고, 아는 만큼 생각할 수 있다. 알 선생의 책이 진정한 해운 전문가로 거듭나는 데 도움이 되길 바란다.

선박투자에 대한 프로젝트를 분석하기 위해서는 많은 가정 설정이 필요하다. 보편적인 투자 분석 방법은 다음과 같다. 아래는 프로젝트 분석의 예시로 전체 기간 중 일부를 나타낸 것이다.

	Date	Tranche A			Tranche C		Management Fee/Commitment Fee (Tranche B – Post Delivery)	
					Equity			
		Installment	outstanding	Interest	Interest	outstanding	Committed Balance	Mgmt Fee / Comm Fee
0	2005-03-31		0				43,600,000	
1	2005-04-30		0	0	35,055	311,905	43,600,000	272,500
2	2005-05-31		0	0	35,055	362,574	43,600,000	11,263
3	2005-06-30		0	0	35,055	412,879	43,600,000	10,900
4	2005-07-31	5,450,000	5,450,000	0	35,055	463,547	43,600,000	11,263
5	2005-08-31		5,450,000	16,117	35,055	530,332	43,600,000	11,263
6	2005-09-30	5,450,000	10,900,000	16,117	35,055	596,754	43,600,000	10,900
7	2005-10-31		10,900,000	32,233	35,055	679,656	43,600,000	11,263
8	2005-11-30		10,900,000	32,233	35,055	762,194	43,600,000	10,900
9	2005-12-31		10,900,000	32,233	35,055	845,096	43,600,000	11,263
10	2006-01-31		10,900,000	32,233	35,055	927,998	43,600,000	11,263
11	2006-02-28		10,900,000	32,233	35,055	1,009,810	43,600,000	10,173
12	2006-03-31		10,900,000	32,233	35,055	1,092,711	43,600,000	11,263
13	2006-04-30		10,900,000	32,233	35,055	1,175,250	43,600,000	10,900
14	2006-05-31		10,900,000	32,233	35,055	1,258,151	43,600,000	11,263
15	2006-06-30		10,900,000	32,233	35,055	1,340,690	43,600,000	10,900
16	2006-07-31		10,900,000	32,233	35,055	1,423,591	43,600,000	11,263
	SUM	10,900,000	130,800,000		560,883			438,543

모든 수치는 Daily Base로 산출한 후 분기나 연간 총액으로 변경 후 계산한다. 엑셀로 작업을 해야 하므로 엑셀과 친해져야 한다. 알 선생의 경우 엑셀 관련 책을 구입하여 엑셀 함수와 분석 도구 등을 연구하고 이해하여 자동화 계산 시트를 만들어 프로젝트 분석에 이용했다.

기간 설정

선박의 인도 예정일부터 분기별 날짜(아래 빨강 테두리)를 기입한다. 선박금융은 일반적으로 분기별로 상환이 되므로 분기별 날짜를 설정한다. 분기별 상환 시 적정한 USD 3M LIBOR금리 추정도 중요하다.

Balloon (Loan)	22.00%	7,425,000
Balloon (Equity)	100%	8,031,471
Outstanding		19,956,471

100.0% 8,031,471
        19,956,471

	Date	Loan - Commercial (A)				Guarantee Fee
		outstanding	payment	principal	interest	repayment
0	2006-11-25	33,750,000				0
1	2007-02-25	33,274,258	1,012,976	475,742	537,234	3,313
2	2007-05-25	32,790,943	1,012,976	483,315	529,661	3,313
3	2007-08-25	32,299,935	1,012,976	491,008	521,968	3,313
4	2007-11-25	31,801,111	1,012,976	498,824	514,152	3,313
5	2008-02-25	31,294,347	1,012,976	506,764	506,212	3,313
6	2008-05-25	30,779,516	1,012,976	514,831	498,145	3,313
7	2008-08-25	30,256,489	1,012,976	523,026	489,950	3,313
8	2008-11-25	29,725,138	1,012,976	531,352	481,624	3,313
9	2009-02-25	29,185,328	1,012,976	539,810	473,166	3,313
10	2009-05-25	28,636,925	1,012,976	548,403	464,574	3,313
11	2009-08-25	28,079,793	1,012,976	557,132	455,844	3,313
12	2009-11-25	27,513,792	1,012,976	566,001	446,976	3,313
13	2010-02-25	26,938,782	1,012,976	575,010	437,966	3,313
14	2010-05-25	26,354,619	1,012,976	584,163	428,813	3,313
15	2010-08-25	25,761,157	1,012,976	593,462	419,514	3,313
16	2010-11-25	25,158,248	1,012,976	602,909	410,068	3,313
17	2011-02-25	24,545,742	1,012,976	612,506	400,470	3,313
18	2011-05-25	23,923,487	1,012,976	622,256	390,720	3,313
19	2011-08-25	23,291,326	1,012,976	632,161	380,815	3,313

Time Charter Rate 추정

클락슨 데이터베이스에서 제공하는 시계열Time Series 자료를 이용하는 방법이 가장 일반적이다. 일반적으로 1 Year TC Rate를 이용한다. 추정치를 어느 수치로 결정하느냐가 결국은 노하우다. PM을 오래 하다 보면 감이 오고 노하우가 생긴다. 과거 5년 평균 1 Year TC Rate, 과거 10년 평균 1 Year TC Rate, 역사상 최저 수치 등 PM 스스로 본인의 경험과 노하우를 바탕으로 가정할 기준치를 정해야 한다. 가정이기에 정해진 정답은 없다. PM의 재량이다. Daily TC 수치에 1년 평균 선박 가동 일수를 가정해서 분기별 또는 1년 단위의 예상 수익을 기입한다. 일반적으로 Best, Base, Worst 케이스로 시나리오 분석을 진행한다.

Date	6 Month Timecharter Rate 52,000 dwt Bulkcarrier $/Day	1 Year Timecharter Rate 52,000 dwt Bulkcarrier $/Day	3 Year Timecharter Rate 52,000 dwt Bulkcarrier $/Day	5 Year Timecharter Rate 52,000 dwt Bulkcarrier $/Day
2008-06-06	70,500	63,500	44,000	37,500
2008-06-13	68,250	62,000	44,000	37,500
2008-06-20	66,500	60,000	43,000	37,000
2008-06-27	64,500	61,500	43,000	37,000
2008-07-04	63,500	60,500	43,000	37,000
2008-07-11	64,000	60,000	43,500	37,500
2008-07-18	62,750	59,500	43,500	38,000
2008-07-25	61,000	58,500	44,000	38,500
2008-08-01	58,500	57,000	44,000	38,500
2008-08-08	53,500	52,500	43,000	37,500
2008-08-15	52,500	52,500	41,000	36,500
2008-08-22	54,500	53,500	42,250	36,500
2008-08-29	53,500	52,500	41,000	36,250
2008-09-05	50,250	50,000	39,000	35,000
2008-09-12	45,250	47,250	34,000	32,000
2008-09-19	43,000	42,500	33,500	31,000
2008-09-26	38,000	38,000	30,500	26,500
2008-10-03	27,000	28,500	26,000	24,500
2008-10-10	18,000	19,000	17,000	15,500
2008-10-17	14,500	15,000	13,500	12,500
2008-10-24	10,500	14,000	12,750	11,500
2008-10-31	9,000	11,750	12,000	11,000

3 Year Timecharter Rate 170,000 dwt Bulkcarrier

Year	$/Day
2001	13,500
2002	15,294
2003	22,489
2004	42,198
2005	37,673
2006	36,365
2007	75,808
2008	82,260
2009	23,721

Average	38,812
Best Case	30,000
Base Case	25,000
Worst Case	20,000

Daily Net Profit	
Time charter	직접영업
3,106	5,606
3,248	5,748
3,390	5,890
3,584	6,084
3,674	6,174
3,816	6,316
3,958	6,458
4,160	6,660
4,241	6,741
4,383	6,883
4,525	7,025
4,709	7,209
4,809	7,309
4,951	7,451
5,093	7,593
5,258	7,758
5,377	7,877
5,519	8,019
5,661	8,161
5,806	8,306

OPEX 추정

해운사에서 직접 받은 OPEX 수치를 이용하든지 아니면 Drewry사의 운영비 자료를 이용하면 된다. 일반적으로 해운사가 제공하는 수치가 Daily 1,000불 이상 더 낮다. 경험을 통해서 현명한 추정치를 사용할 필요가 있다. 알 선생의 경우 동기나 후배들이 SM사에 근무하기에 정확한 수치를 추정하는 데에 많은 도움이 되었다. 아래는 Drewry 자료이다. Daily 수치이므로 분기별 또는 연도별 금액으로 환산하여 사용한다. 매년 발행되는 Drewry 자료는 매우 좋은 자료이다. PMProject Manager은 꼭 정독하기 바란다.

Operating Cost

Item	US$ (per year)	US$(per day)
Crew Wages	814,680	2,232
Provisions	62,050	170
Crew Other	97,455	267
Crew Costs Total (선원비)	974,185	2,669
Lubricants	248,565	681
Stores Other	164,615	451
Stores Total (비품)	413,180	1,132
Spares	186,880	512
Repairs & Maintenance	171,185	469
Repairs & Maintenance Total (수리 & 유지비)	358,065	981
P&I Insurance	123,005	337
Insurance	159,505	437
Insurance Total (보험료)	282,510	774
Registration Costs	22,995	63
Management Fees	240,900	660
Sundries	65,700	180
Administration Total (기타 등록 행정비)	329,595	903
Total Operating Costs 2007	**2,357,535**	**6,459**
Total Operating Costs 2006	2,219,957	6,082

	Vessel age				
	Newbuild	5-yr old	10-yr old	15-yr old	20-yr old
40-45,000 dwt					
Manning	2,070	2,070	2,190	2,300	2,420
Insurance	210	220	250	280	300
Stores	300	340	340	340	350
Spares	290	310	320	340	320
Lubricating oils	440	450	460	470	470
Repair & maintenance	210	220	230	240	230
Dry docking	-	700	740	770	740
Management & administration	1,040	1,040	1,040	1,090	1,090
Total	4,560	5,350	5,570	5,830	5,920

EBITDA

분기별 또는 1년 단위로 분석할 수 있다. 분기별 또는 연간 **TC 수입 총합**에서 분기별 또는 연간 **OPEX 총합**을 차감하면 EBITDA를 구할 수 있다. 금융비를 제외한 선박의 운영 수입이다. PM은 EBITDA와 금융비를 비교하여 선박금융 구조를 설계하여야 한다. Best, Base, Worst 케이스로 시나리오 분석을 진행한다.

Cashflow - Case Study

Semester					
Period	2010-03-22 Delivery	2010-06-22	2010-09-22	2010-12-22	2011-03-22
Cashflow - Best					
TC Income		3,106,250	3,106,250	3,106,250	3,106,250
Opex		644,000	644,000	637,000	630,000
EBITDA-Best		2,462,250	2,462,250	2,469,250	2,476,250
Cashflow - Base					
TC Income		2,662,500	2,662,500	2,662,500	2,662,500
Opex		644,000	644,000	637,000	630,000
EBITDA-Base		2,018,500	2,018,500	2,025,500	2,032,500
Cashflow - Worst					
TC Income		2,218,750	2,218,750	2,218,750	2,218,750
Opex		644,000	644,000	637,000	630,000
EBITDA-Worst		1,574,750	1,574,750	1,581,750	1,588,750

Debt Service - Senior Loan					
Outstanding Loan facility	9,000,000	8,250,000	7,500,000	6,750,000	6,000,000
Bank Facility Repayment		750,000	750,000	750,000	750,000
Interests on Facility		149,500	137,042	123,229	109,688
Total Debt Service		899,500	887,042	873,229	859,688
Average Life	0.2500	0.2292	0.2083	0.1875	0.1667
	1.63				

CAPEX 추정

실제 조달할 금융 원리금을 이용하여 계산한다. 일정 기간 내의 이자 금액은 금융 잔액을 연 이자율로 곱한 후 360일로 나누면 일일 이자 금액이 계산된다. 거기에 해당 기간을 곱하여 이자 금액을 구한다. 달러 이자는 360일을 기준으로 계산하며 원화는 365일을 기준으로 한다. 이자율에 각종 비용을 녹여서 총 이자율을 구해서 금리를 비교할 수도 있다. 초기 비용은 약정 금액과 Average Life로 나누면 이자율로 환산된다. 해운 기업이 RFPRequest for Proposal를 선박금융기관들에 보내면 금융기관들의 금융조건들이 대부분 다른 형태로 오며, 이 경우 Average Life를 이용하여 총비용을 구하고 금리를 비교하여야 한다. 프로젝트 분석 시 기간 설정에 따라 연간 또는 분기별 이자 금액과 원금 상환액을 계산해야 한다.

Debt Service - Senior Loan					
Outstanding Loan facility	9,000,000	8,250,000	7,500,000	6,750,000	6,000,000
Bank Facility Repayment		750,000	750,000	750,000	750,000
Interests on Facility		149,500	137,042	123,229	109,688
Total Debt Service		899,500	887,042	873,229	859,688
Average Life	0.2500	0.2292	0.2083	0.1875	0.1667
	1.63				
Debt Service - Junior Loan					
출자 잔액	18,000,000	18,000,000	18,000,000	18,000,000	18,000,000
출자 상환액		-	-	-	-
출자 배당액		333,500	333,500	329,875	326,250
총 출자 배당액		333,500	333,500	329,875	326,250
Free Cashflow					
Free Cashflow - Best		1,229,250	1,241,708	1,266,146	1,290,313
Free Cashflow - Base		785,500	797,958	822,396	846,563
Free Cashflow - Worst		341,750	354,208	378,646	402,813

Debt to Hull - Base					
Vessel Value	30,000,000	29,625,000	29,250,000	28,875,000	28,500,000
Outstanding Facilities		26,250,000	25,500,000	24,750,000	24,000,000
VTL Ratio		113%	115%	117%	119%

Free Cash Flow(FCF)

분기별 또는 1년 단위로 분석할 수 있다. 분기별 또는 연간 **TC 수입 총합**에서 분기별 또는 연간 **OPEX와 CAPEX 총합**을 차감하면 Free Cash Flow^{FCF}을 구할 수 있다.

> FCF(**분기별**) = TC Income(분기별, 운임 수익) – CAPEX(분기별, 금융비 지출)
> – OPEX(분기별, 운영비 지출)
>
> FCF(**연간**) = TC Income(연간, 운임 수익) – CAPEX(연간, 금융비 지출)
> – OPEX(연간, 운영비 지출)

				Year 1		
			1	2	3	4
선가		32,750,000				
선순위		13,100,000	12,772,500	12,445,000	12,117,500	11,790,000
원금 상환		327,500	327,500	327,500	327,500	327,500
Interest	3.45%		112,988	110,163	107,338	104,513
Libor	0.30%					
Spread	3.15%					
선순위 Daily Hire			4,894	4,863	4,832	4,800
후순위		19,650,000	19,650,000	19,650,000	19,650,000	19,650,000
Swap 금리	3.29%		161,621	161,621	161,621	161,621
후순위 배당	7.25%		356,156	356,156	356,156	356,156
Swap Daily Hire			1,796	1,796	1,796	1,796
배당 Daily Hire			3,957	3,957	3,957	3,957
Operating Cost		6,500	6,500	6,500	6,500	6,500
Total - Worst			13,190	13,159	13,127	13,096
Total - Best			15,352	15,320	15,289	15,257

	Break-Even Value						
		19,000	매분기 잉여금	522,891	525,716	528,541	531,365
	$18,804,778		누적 잉여금	522,891	1,048,607	1,577,148	2,108,513
TC Rate ($/day)		17,000	매분기 잉여금	342,891	345,716	348,541	351,365
	$21,684,778		누적 잉여금	342,891	688,607	1,037,148	1,388,513
		15,000	매분기 잉여금	162,891	165,716	168,541	171,365
	$24,564,778		누적 잉여금	162,891	328,607	497,148	668,513

상기 자료처럼 **CAPEX**와 **OPEX**를 구해서 Daily 수치로 환산하면 손쉽게 **TC Rate**와 비교하여 **수익/손실**을 추정할 수 있다. 하루에 수십 건의 프로젝트를 PM이 모두 계산하여 분석할 수 없다. 간단히 TC에서 원가를 뺀 FCF를 검토하여 답이 나오지 않는 프로젝트는 빨리 무시하고, 답이 나오는 프로젝트에 한정하여 세밀하게 분석해야 한다. 어느 정도 답이 보이는 프로젝트만을 검토해도 PM의 일상은 힘들고, 벅차다.

잔존가치(Residual Value)

대출이나 투자 만기 시점의 선가를 추정하는 일은 상당히 중요하다. 일반적으로 중고선가나 스크랩Scrap 가격으로 추정을 한다. 초보 PM들은 선박투자 프로젝트를 진행하면서 잔존가치에 대한 보험이나 보증을 사용하는 경우가 있으나, 계약 체결 시 요구되는 조건 충족이 매우 어려워 수수료만 낭비하는 경우가 많다.

중고선가 추정

프로젝트 만기 시점의 선령과 발효될 각종 규제 등을 고려하여 중고선가를 보수적으로 추정하여야 한다. 매우 신중하게 추정하여야 하며, 증가하는 선박관리비와 국제 규정 등을 고려하여야 한다. 과거 10년 평균, 과거 30년 평균 또는 2000년대 초반의 중고선 가격을 참고하는 것도 좋은 방법이다. 벌크선의 경우 2016년 중고 선가도 좋은 기준이다.

스크랩 가격 추정

프로젝트를 진행하면서 항상 답답한 마음으로 수치를 추정하는 항목 중 하나가 스크랩 가격이다. 폐선은 주로 후진국에서 처리하고 Cash Buyer는 대부분 유대인이 장악하고 있다. 이 사업으로 이익을 창출하는 기업들은 후진국의 부패한 정치인들과 결탁하고 있다고 한다. 과연 언제까지 스크랩 처리가 가능할지 모르겠다. 만약 인권과 환경 문제로 후진국의 폐선 작업이 막힌다면 프로젝트 가정에 중대한 오류가 생기게 되는 것이다.

LDT당 고철 가격은 클락슨 자료에 자세히 나와 있다. 보수적으로 추정하는 게 현명하다. 본인은 프로젝트 검토 시 톤당 220불 정도를 선호했다. 정답은 절대 없다. SUS나 알루미늄 그리고 니켈강 등의 가격은 좀 더 높다. 스크랩 가격은 스크랩 전문가에게 의견을 구하는 것이 현명하다.

<A기업 B선박에 대한 현금 흐름 사례>

Project Assumption		Best	Base	Worst
크기	Size (DWT)	169,000	169,000	169,000
고철량	LDT	30,000	30,000	30,000
중고선가	Secondhand price	35,000,000	35,000,000	35,000,000
용선수입 - Best	TC Rate ($/day) - Best	30,000	30,000	30,000
용선수입 - Base	TC Rate ($/day) - Base	25,000	25,000	25,000
용선수입 - Worst	TC Rate ($/day) - Worst	20,000	20,000	20,000
초기 운영비	Initial Opex ($/day)	7,000	7,500	8,000
운영비 증가	Opex Escalating Rate (Every 3 year)	3%	4%	5%
운영가능일	On hire days (year)	360	350	340

Financing Structure		Best	Base	Worst
은행 대출	**Bank Loan**			
은행 대출금	Bank Facility	21,000,000	21,000,000	21,000,000
은행 부분	Bank Portion	60%	60%	60%
대출금 분기별 상환액	Quarterly repayment	350,000	350,000	350,000
초기 수수료	Upfront Fee			
은행이자	Bank Interest	7.00%	8.00%	9.00%
이자기간	Interest Period (months)	3	3	3
Libor	Libor	1.50%	1.50%	1.50%
IRS	IRS	2.50%	2.50%	2.50%
Spread	Spread	3.00%	4.00%	5.00%
약정 수수료	Commitment Fee			

민간 투자자	Individual investment			
투자 금액	Investment Amount	3,500,000	3,500,000	3,500,000
민간 투자 비율	Investment Portion	10%	10%	10%
투자 수익률	Coupon Rate	10.00%	11.00%	12.00%
K사 출자	**K Investment**			
출자 금액	Investment Amount	10,500,000	10,500,000	10,500,000
출자 비율	Investment Portion	30%	30%	30%
출자 수익률	Coupon Rate	7.00%	7.50%	8.00%

VTL Assumptions		Best	Base	Worst
경제적 잔존 년수	Vessel Economic Life	15	15	15
톤당 고철가격	$/LDT	250	250	250
고철 선가	Scrap Value	7,500,000	7,500,000	7,500,000
분기별 감가상각	Quarterly Vessel Amortization	458,333	458,333	458,333
보수적 선가	Low Case Vessel Value	30,000,000	30,000,000	30,000,000
분기별 보수적 감가상각	Quarterly Vessel Amortization-Low Case	375,000	375,000	375,000

2.   Average Life에 관한 추억

런던대학교에서 선박금융을 공부한 후 알 선생은 프로젝트 분석에 필요한 Financial Modelling 작성에 아무런 문제가 없을 줄 알았다. 하지만, 시장에서 돌아다니는 선박투자 현금흐름 분석 자료 안에는 Average Life라는 게 있었다. 엑셀 내용을 확인하고 싶어서 담당자에게 엑셀 파일을 요청했지만 엑셀 파일은 절대 주지 않았다. Average Life를 알고 싶어 담당자에게 정중히 Average Life에 대해서 여쭈어 봤다. 돌아온 대답은 알 선생 평생 잊히질 않는다. "알 선생! 전문가들이 시간과 돈을 투자하여 고생하고 피땀 흘려 어렵게 습득한 노하우를 그렇게 물어보는 것은 대단히 실례입니다. 스스로 알아보세요!" 해운 업계에서 금융 업계로 넘어온 알 선생에게는 큰 충격이었다. "그게 얼마나 대단한 것이라고?" 알 선생은 굉장히 당황스러웠다. 해운 업계 선배님들은 후배들이 물어보면 하나라도 더 가르쳐 주려고 후배들을 괴롭히는데 금융 업계의 문화는 다른 것 같았다. 2000년대 초반, 인터넷을 뒤지고 또 뒤졌지만 Average Life에 대한 자료는 없었다. 그 시절 알 선생은 광화문에 있는 교보빌딩에서 근무하고 있었다. 알 선생은 점심시간과 퇴근 후 매일 교보문고에 내려가 금융 관련 서적들을 모두 뒤졌다. 3개월 정도 거의 모든 금융 책들을 살폈다. 지성이면 감천이라고 알 선생은 결국 금융 서적 중에서 Average Life를 찾았고, 그 내용을 확인했다. 확인해 보니 별 특별한 내용이 아니었다. 그 사람이 실망스러웠고, 나중에 책을 출판한다면 Average Life를 꼭 넣겠다고 다짐을 했다.

INPUT				OUTPUT			기존	적수로 계산 시
대출원금	10,000,000							
금리 (년)	7%			Average Life			2.6250	2.6237
금리 (일)	0.02%			이자합계			1,836,589	1,836,589
Daybases	365							
대출기간 (년)	5							
원금상환방식	1	(1=원금균등분할상환, 2=원리금균등분할상환)						
이자지급회수/년	4							

회차	날짜	날수	기초잔액	기말잔액	원금상환	이자	원리금	적수
		1,826	105,000,000		10,000,000	1,836,589	11,836,589	9,576,500,000
0	2005-01-01							
1	2005-04-01	90	10,000,000	9,500,000	500,000	172,603	672,603	900,000,000
2	2005-07-01	91	9,500,000	9,000,000	500,000	165,795	665,795	864,500,000
3	2005-10-01	92	9,000,000	8,500,000	500,000	158,795	658,795	828,000,000
4	2006-01-01	92	8,500,000	8,000,000	500,000	149,973	649,973	782,000,000
5	2006-04-01	90	8,000,000	7,500,000	500,000	138,082	638,082	720,000,000
6	2006-07-01	91	7,500,000	7,000,000	500,000	130,890	630,890	682,500,000
7	2006-10-01	92	7,000,000	6,500,000	500,000	123,507	623,507	644,000,000
8	2007-01-01	92	6,500,000	6,000,000	500,000	114,685	614,685	598,000,000
9	2007-04-01	90	6,000,000	5,500,000	500,000	103,562	603,562	540,000,000
10	2007-07-01	91	5,500,000	5,000,000	500,000	95,986	595,986	500,500,000
11	2007-10-01	92	5,000,000	4,500,000	500,000	88,219	588,219	460,000,000
12	2008-01-01	92	4,500,000	4,000,000	500,000	79,397	579,397	414,000,000
13	2008-04-01	91	4,000,000	3,500,000	500,000	69,808	569,808	364,000,000
14	2008-07-01	91	3,500,000	3,000,000	500,000	61,082	561,082	318,500,000
15	2008-10-01	92	3,000,000	2,500,000	500,000	52,932	552,932	276,000,000
16	2009-01-01	92	2,500,000	2,000,000	500,000	44,110	544,110	230,000,000
17	2009-04-01	90	2,000,000	1,500,000	500,000	34,521	534,521	180,000,000
18	2009-07-01	91	1,500,000	1,000,000	500,000	26,178	526,178	136,500,000
19	2009-10-01	92	1,000,000	500,000	500,000	17,644	517,644	92,000,000
20	2010-01-01	92	500,000	-	500,000	8,822	508,822	46,000,000

Average Life는 총 약정 금액이 프로젝트 기간에 실제 존재하는 총 기간을 년 단위로 수치화한 내용이다. 상기 그림에서 보면, 대출 약정 원금 10M이 기준이 된다. 기초잔액의 합을 대출원금(10M)으로 나누고, 상환 기

간이 분기이므로 4로 나누면 Average Life가 계산된다. 어렵게 생각할 필요가 전혀 없다. 만약 분기별 상환으로 1년에 4번 상환되면, 약정된 대출 총액Committed Loan을 기준으로 잡고, 분기별 대출 잔액Outstanding Amount을 약정한 대출 총액(상기의 경우 10M)으로 나누고, 분기별 상환이므로 4로 나누면 분기별 수치가 구해진다. 그 수치들을 프로젝트 전체 기간에 대하여 계산하고 합하면 Average Life가 구해진다.

시간 개념을 도입하여 현재가치로 계산하면 더 정확한 Average Life를 구할 수 있지만, 프로젝트 분석 시 그럴 만한 가치는 없다고 판단한다. Average life는 총비용를 구할 때 이용하며 기관별 금융 제안 조건을 비교할 때 사용한다. 초기수수료는 프로젝트 진행 초기에 한 번만 내면 되기에 이자율로 환산하여 비교하려면 초기수수료를 약정 대출 총액으로 나누고 그 값을 Average life로 나누면 이자율도 비교할 수 있다.

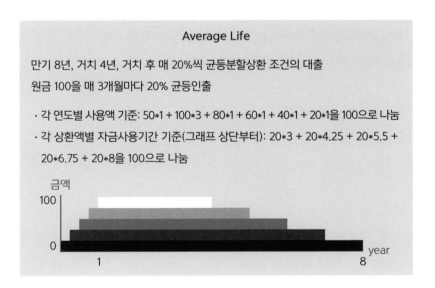

Average Life

만기 8년, 거치 4년, 거치 후 매 20%씩 균등분할상환 조건의 대출
원금 100을 매 3개월마다 20% 균등인출

· 각 연도별 사용액 기준: 50*1 + 100*3 + 80*1 + 60*1 + 40*1 + 20*1을 100으로 나눔
· 각 상환액별 자금사용기간 기준(그래프 상단부터): 20*3 + 20*4.25 + 20*5.5 + 20*6.75 + 20*8을 100으로 나눔

· 초기 1년: 20*0.25 + 40*0.25 + 60*0.25 + 80*0.25 = 50

      1. 균등 인출되므로 1년 동안 실사용 금액은 총액의 1/2

      2. 3년 동안 총액 사용

      3. 4년 동안 균등분할상환 되므로 실사용액은 4년간 총액의 1/2

· 평균 상환 기간: 1/2 + 3 + 2 = 5.5년

· 각 상환액의 현가치 이용방법: 각 상환액의 현가에 사용기간을 곱하여 이를 합한 후, 각 상환액의 현가합계액으로 나누어주면, 시간적 가치를 감안한 정확한 평균 기간이 산출된다. 4년째 상환되는 상환액을 A라 할때 이의 현가는 $A/(1+R)^8$가 된다.

· Average Life 구하기

분자: $(20/(1+R)^8)*3 + (20/(1+R)^{10})*4.25 + (20/(1+R)^{12})*5.5 + (20/(1+R)^{14})*6.75 + (20/(1+R)^{16})*8 = 40.61 + 52.18 + 61.25 + 68.18 + 73.30 = 295.53$

분모: $(20/(1+R)^8) + (20/(1+R)^{10}) + (20/(1+R)^{12}) + (20/(1+R)^{14}) + (20/(1+R)^{16}) = 13.54 + 12.28 + 11.14 + 10.10 + 9.16 = 56.22$

할인율을 연 10%, 6개월 복리로 가정하여 R을 5%로 계산하면 평균기간이 5.25년이 된다. 이는 원금에 대한 현가개념을 도입하여 정확한 평균기간 산출이 가능하나, 계산이 복잡하여 단순계산방법이 널리 이용되고 있다.

3.   CAPM? 그게 뭔데?

행동재무학자 선배님들께서 이미 각종 논문을 통하여 CAPM은 현실 성이 없다고 수차례 입증했지만, 여전히 Financial Modelling에서 CAPM 은 WACC과 함께 널리 사용되고 있다. 그러므로 알 선생이 본 책에 계

산하는 방법을 소개하겠지만, 선박투자를 위한 프로젝트를 분석할 때는 CAPM에 대한 지식이 없어도 전혀 문제가 없다는 것을 짚고 넘어가겠다. 적시된 계산법은 단순 참고만 하길 바라며, 더 정확하고 자세한 내용은 관련 논문 등을 참고하기 바란다.

Capital Asset Pricing Model(CAPM)
자본자산 가격결정 모형

The CAPM was developed in the early 1960s: William Sharpe(1964), Jack Treynor(1962), John Lintner(1965a, b), Jan Mossin(1966).

CAPM is a model that describes the relationship between **risk** and **expected**(required) **return** in this model, a security's expected return is the **risk free rate** plus **a premium** based on the **systematic risk** of the security.

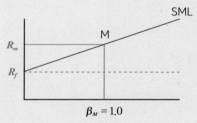

$$ER = Rf + \beta \times (Rm - Rf)$$

ER = 6%(Risk free) + 1.2(beta) × {10%(market expected rate of return) − 6%(Risk free)}

ER = 10.8%(Expected rate of return)

가정: 국공채금리 6%, 주식 시장 평균 수익률 10%, 베타 1.2

$$Cost\ of\ Equity = Rf + Equity\ Beta \times (E(Rm) - Rf)$$

Rf = Risk free rate

$E(Rm)$ = Expected Return on the Market Index

CAPM이란, Equity **투자자가 자본 투자로 받아야 하는 최소한의 수익률을 계산하는 모형을** 의미한다.

Risk Free 값 가정(Rf)

미국 국채나 대한민국 국공채금리 등을 이용하며, 기간은 1년, 3년, 5년, 10년의 평균값을 적절히 사용한다. 선박투자는 달러로 사용하기에 미국 국채금리를 이용하는 방법이 보편적이나, 조달 자금이 원화라면 대한민국 국공채를 사용한다.

β 구하기

베타를 구하는 법은 일반적으로 아래의 4가지 방법이 있는데, 알 선생은 가장 쉬운 슬롭 계산으로 베타를 구한다. PM이 계산하고 싶은 방법으로 베타값을 구하면 된다.

- the slope function
- calculate the Covariance between stock returns and market returns and divide it by market variance
- multiplying the correlation coefficient between stock returns and market return by standard deviation of stock returns divided by the standard deviation of market return
- using the regression function in excel

일단 KRX 홈페이지, 연합인포맥스 등 데이터베이스에서 코스피 지수와 해운 주의 주가를 엑셀로 다운로드를 한다. 해운 주 모두를 사용하든

지 아니면 프로젝트 대상 선박의 선종을 많이 갖춘 해운 주를 사용하든
지 PM이 알아서 판단한다. 다시 말하지만, 기간(1년, 3년, 5년 등)이나 종목
수 등 모든 부분에서 정답은 없다. PM이 알아서 판단하여 적절한 베타를
구하여야 한다.

[일시]KOSPI—종합	KOSPI	KOSPI return	HMM	HMM return	대한해운	대한해운 Return
2021-05-10	3249.3	0.016164162	44200	0.036870536	3535	-0.007047246
2021-05-07	3197.2	0.005790535	42600	0.065477929	3560	-0.006997929
2021-05-06	3178.74	0.009917708	39900	0.112627177	3585	0.048580981
2021-05-04	3147.37	0.006429148	35650	-0.035816501	3415	-0.052756352
2021-05-03	3127.2	-0.006584821	36950	-0.059111099	3600	0.018220546
2021-04-30	3147.86	-0.008291819	39200	-0.018951925	3535	0.074869877
2021-04-29	3174.07	-0.002328678	39950	0.016404153	3280	0.027509075
2021-04-28	3181.47	-0.010614633	39300	0.065726674	3191	0.025068741
2021-04-27	3215.42	-0.000655998	36800	0.017820897	3112	0.011960705
2021-04-26	3217.53	0.009816386	36150	0.092685688	3075	0.059284057
2021-04-23	3186.1	0.00269658	32950	-0.023989156	2898	-0.009615459
2021-04-22	3177.52	0.001845908	33750	0.020958881	2926	0.045804196
2021-04-21	3171.66	-0.015343617	33050	-0.015015297	2795	-0.008550106
2021-04-20	3220.7	0.006810483	33550	0.004480963	2819	0
2021-04-19	3198.84	6.87773E-05	33400	0.069741655	2819	0.032080603
2021-04-16	3198.62	0.001342104	31150	0.042629405	2730	0.011790851
2021-04-15	3194.33	0.003748019	29850	-0.008340332	2698	-0.011790851
2021-04-14	3182.38	0.00418802	30100	0.006666691	2730	0
2021-04-13	3169.08	0.010623971	29900	0	2730	0.003302149
2021-04-12	3135.59	0.001183891	29900	0.001673641	2721	-0.006958461

Return을 구하는 공식은 다음과 같다. 단, 배당금에 관한 수익률 추가
도 PM의 재량이다.

$$Return = \ln(Price\ t) - \ln(Price\ t-1)$$

SUM		▼	× ✓ ƒx	=LN(B2)-LN(B3)		
	A	B	C	D	E	F	G
1	[일시]KOSPI—종합	KOSPI	KOSPI return	HMM	HMM return	대한해운	대한해운 Return
2	2021-05-10	3249.3	=LN(B2)-LN(B3)	44200	0.036870536	3535	-0.007047246
3	2021-05-07	3197.2	0.005790535	42600	0.065477929	3560	-0.006997929
4	2021-05-06	3178.74	0.009917708	39900	0.112627177	3585	0.048580981
5	2021-05-04	3147.37	0.006429148	35650	-0.035816501	3415	-0.052756352
6	2021-05-03	3127.2	-0.006584821	36950	-0.059111099	3600	0.018220546
7	2021-04-30	3147.86	-0.008291819	39200	-0.018951925	3535	0.074869877
8	2021-04-29	3174.07	-0.002328678	39950	0.016404153	3280	0.027509075
9	2021-04-28	3181.47	-0.010614633	39300	0.065726674	3191	0.025068741
10	2021-04-27	3215.42	-0.000655998	36800	0.017820897	3112	0.011960705

해운 주가의 수익과 코스피 수익을 이용하여 베타를 구한다. 베타를 구할 때는 간단히 슬롭 함수를 이용하여 값을 구할 수 있다. 또한, 엑셀의 분석 도구에서 회귀 분석을 이용해도 좋다.

	SUM	▼	× ✓ fx	=SLOPE(E2:E43,C2:C43)				
	A	B	C	D	E	F	G	H
1	[일시]KOSPI—종합	KOSPI	KOSPI return	HMM	HMM return		대한해운	대한해운 Return
2	2021-05-10	3249.3	0.016164162	44200	0.036870536		3535	-0.007047246
3	2021-05-07	3197.2	0.005790535	42600	0.065477929		3560	-0.006997929
4	2021-05-06	3178.74	0.009917708	39900	0.112627177		3585	0.048580981
5	2021-05-04	3147.37	0.006429148	35650	-0.035816501		3415	-0.052756352
6	2021-05-03	3127.2	-0.006584821	36950	-0.059111099		3600	0.018220546
7	2021-04-30	3147.86	-0.008291819	39200	-0.018951925		3535	0.074869877
8	2021-04-29	3174.07	-0.002328678	39950	0.016404153		3280	0.027509075
9	2021-04-28	3181.47	-0.010614633	39300	0.065726674		3191	0.025068741
10	2021-04-27	3215.42	-0.000655998	36800	0.017820897		3112	0.011960705
11	2021-04-26	3217.53	0.009816386	36150	0.092685688		3075	0.059284057
12	2021-04-23	3186.1	0.00269658	32950	-0.023989156		2898	-0.009615459
13	2021-04-22	3177.52	0.001845908	33750	0.020958851		2926	0.045804196
14	2021-04-21	3171.66	-0.015343617	33050	-0.015015297		2795	-0.008550106
15	2021-04-20	3220.7	0.006810483	33550	0.004480963		2819	0
16	2021-04-19	3198.84	6.87773E-05	33400	0.069741655		2819	0.032080603
17	2021-04-16	3198.62	0.001342104	31150	0.042629405		2730	0.011790851
18	2021-04-15	3194.33	0.003748019	29850	-0.008340332		2698	-0.011790851
19	2021-04-14	3182.38	0.00418802	30100	0.006666691		2730	0
20	2021-04-13	3169.08	0.010623971	29900	0		2730	0.003302149
21	2021-04-12	3135.59	0.001183891	29900	0.001673641		2721	-0.006958461
22	2021-04-09	3131.88	-0.003627015	29850	-0.021541844		2740	0
23	2021-04-08	3143.26	0.001862859	30500	0		2740	0.019160498
24	2021-04-07	3137.41	0.003297957	30500	0.045271771		2688	-0.025708357
25	2021-04-06	3127.08	0.00200067	29150	0.013817146		2758	-0.021876433
26	2021-04-05	3120.83	0.00257634	28750	0.024649135	=SLOPE(E2:E43,C2:C43)		0.003553664
27	2021-04-02	3112.8	0.00819333	28050	0.008952611	SLOPE(**known_y's**, known_x's)		0.021483482
28	2021-04-01	3087.4	0.008450452	27800	0.042250808			0.106022318

요약 출력

회귀분석 통계량	
다중 상관?	0.066771
결정계수	0.004458
조정된 결?	-0.02043
표준 오차	0.049792
관측수	42

분산 분석

	자유도	제곱합	제곱 평균	F 비	유의한 F
회귀	1	0.000444	0.000444	0.179135	0.674385
잔차	40	0.099169	0.002479		
계	41	0.099613			

	계수	표준 오차	t 통계량	P-값	하위 95%	상위 95%	하위 95.0%	상위 95.0%
Y 절편	0.015735	0.008028	1.959955	0.056994	-0.00049	0.03196	-0.00049	0.03196
X 1	0.440813	1.041512	0.423243	0.674385	-1.66416	2.545787	-1.66416	2.545787

반복해서 다시 말하지만 기간 설정, 주식 선택 등은 PM이 알아서 적절히 가정하고 설정하여 값을 구해야 한다. 구해진 베타값은 이미 해운사의 부채가 반영된 Levered Beta값이므로 해당 수치를 Unlevered Beta값으로 변환해 준다.

$$\text{Unlevered Beta}(\beta_U) = \beta_L \, / \, [1 + ((1-t) \times \tfrac{D}{E})]$$
$$\text{Levered Beta}(\beta_L) = \beta_U \times [1 + ((1-t) \times \tfrac{E}{D})]$$

Levered Beta값을 위 산식에 대입한다. t는 우리나라 법인세율, D는 각 해운사의 부채총계, E는 각 해운사의 자본총계이며 이들을 그대로 산식에 대입하여 Unlevered Beta값을 구한다. 구해진 해운사별 Unlevered Beta값을 평균하여 프로젝트에 사용할 Unlevered Beta값을 정한다. 몇 개 해운사의 베타값을 사용할 것인가는 PM의 재량이다.

이렇게 구해진 Unlevered Beta의 평균값은 프로젝트 구조에 맞추어 다시 Levered Beta값으로 변환해서 사용해야 한다. 프로젝트의 은행 차입금과 자기자본 등을 고려하여 Levered Beta값을 구한다. 자기자본 100%로 선박을 매입한다면 Unlevered Beta값과 Levered Beta값은 같아진다.

Expected Return on the Market Index 수치 가정 (Rm)

Rm 계산은 코스피 지수의 기하평균을 이용한다. 계산 기간은 PM 재량이다. 5년, 10년, 30년 등 적절한 기간의 수치를 계산에 이용한다. 이때, 배당금에 관한 수익률 추가 또한 PM의 재량이다.

$$\text{기하평균} = \frac{\text{기말가격}}{\text{기초가격}}^{\frac{1}{\text{기간수}}} - 1$$

예를 들어 금일 코스피 지수가 3,000이고, 30년 전 코스피 지수가 100이면 연평균 수익률은 약 12%가 된다.

4.   WACC? 이건 또 뭐야?

Weighted Average Cost of Capital (WACC)

가중평균자본비용이란 뜻으로 기업의 총자본에 대한 평균조달비용을 말한다. 산출방식은 다음과 같다.

$$[\text{자기자본비용} \times \frac{\text{자기자본}}{\text{총자본}}] + [\text{타인자본조달비용} \times (\frac{\text{타인자본}}{\text{총자본}}) \times (1 - \text{법인세})]$$

Cost of Equity: is used to evaluate the shareholder's wealth. Therefore, it is used to discount the expected future cash flow for equity. (FCFE)

Cost of Debt: is used to evaluated the debtholder's wealth. Therefore it is used to discount the expected future cash flow for debt. (FCFD)

Cost of Capital: is used to evaluated the both equity and debtholder's wealth. (i.e. the value of the firm). Therefore it is used to discount the expected future cash flow for firm. (FCFF)

$$\text{WACC} = K_e * W_e + (1-t)K_a * W_d$$

K_e and K_d are cost of equity and cost of debt respectively. t is the tax rate.

$$W_e = \frac{E}{D+E} \text{ and } W_d = \frac{D}{D+E}$$

6.9%(WACC) = 10%(Cost of Equity 가정) × 0.5(주식을 통한 조달 비중 가정) + (1 − 0.24(법인세 가정)) × 5%(이자율 가정) × 0.5(대출을 통한 조달 비중 가정)

$$\text{Firm Value} = \text{Debt Value} + \text{Equity Value} = \sum_{t=1}^{\infty} \frac{FCFF}{(1+WACC)^n}$$

5. 젠장, VaR(Value at Risk)은 또 뭐야?

VaR이란, 정상적인 시장 여건하에서 주어진 신뢰 수준 및 보유 기간에 발생할 수 있는 최대손실 가능 금액이다. 경험상 실제 프로젝트 분석에 도움은 안 되나, 금융쟁이들이 만들어 놓은 보고서 작성용 기법이므로 계산하는 방법만 아래에 기술하겠다.

총손실은 예상손실액과 비예상손실액을 합한 금액이다.

총손실(VaR) = 예상손실(EL) + 비예상손실(UL)

리스크 측정 근거						(단위: 백만 원)
① 익스포져	예상손실			비예상손실	⑥ 리스크 부담률 (④+⑤)	⑦ 리스크 (①×⑥)
	② 부도확률	③ 부도시 손실률	④ 예상손실률 (②×③)	⑤ K 함숫값		
20,067	0.42%	30.59%	0.13%	6.42%	6.55%	1,314

예상손실을 계산하는 방법은 다음 식과 같다. 세부 계산 방법은 아래 각 항목을 참조하기 바란다.

예상손실(EL, Expected Loss) = 부도 시 익스포저 × 부도율(PD)

× 부도 시 손실률(LGD)

· 익스포저(EAD, Exposure at Default): 선박금융 투자 잔액 약 200억으로 가정
· 부도율(PD, Probability of Default): 차주의 부도가 발생할 확률
· 부도 시 손실률(LGD, Loss Given Default): 익스포저 금액 중에 손실이 발생하
는 금액의 비율(1-회수율)

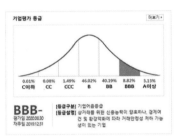

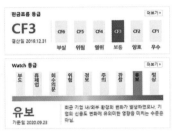

| 해운사 신용등급 BBB-의 2019년 부도율 0.42%(KIS-LINE)

	2018년말				2018년말	
기업평가등급	부도율	구성비		등급	부도율	구성비
AAA+	0.00%	0.01%		AAA	0.00%	0.01%
AA+	0.00%	0.02%		AA	0.00%	0.11%
AA0	0.00%	0.03%		A	0.23%	0.72%
AA-	0.00%	0.06%		BBB	0.26%	4.46%
A+	0.00%	0.11%		BB	0.95%	27.29%
A0	0.00%	0.19%		B	3.15%	66.46%
A-	0.39%	0.43%		CCC	23.93%	0.39%
BBB+	0.00%	0.62%		CC	66.33%	0.50%
BBB0	0.18%	1.84%		C	69.44%	0.06%
BBB-	0.42%	1.99%		합계	2.84%	100.00%
BB+	0.36%	3.23%				
BB0	0.52%	7.70%				
BB-	1.27%	16.33%				
B+	2.11%	26.26%				
B0	3.19%	26.89%				
B-	5.15%	13.24%				
CCC+	22.12%	0.19%				
CCC0	22.43%	0.18%				
CCC-	50.00%	0.02%				
CC+	66.33%	0.50%				
C+	69.44%	0.06%				
전체	2.84%	100.00%				

| 2019년 1월 1일~2019년 12월 31일 사이에 등록된
부도 이벤트 발생 업체 비율(나이스 평가정보)

선박 처분가치

(단위: 백만 원)

① Case 1(A, 잔존가치) = 25,653	선박 발주일 당시(선박 건조일의 2년 전 가정) 동형선박 시세를 취득가격으로 가정하고, 내용연수 25년(잔존선가 0) 적용하여 정액법으로 상각한 금융만기시 잔존가치
② Case 2(B, 중고선가) = 26,110	금융만기 시 중고선가 평가금액
③ 평균값(C) = 25,881	Case 1과 Case 2의 평균값을 선박 처분가치로 가정
④ Scrap(D) = 6,399	선박 해체가격(선박의 LDT × Scrap 단가 과거 10년 평균)
⑤ 처분가치(E) = 25,881	평균값과 Scrap 가치 중에서 큰 가격. 만약 Scrap 가치를 처분가치로 볼 경우 처분시 손실률은 0으로 가정 (선박가격은 시세 변동이 크지만, Scrap(고철) 가격 시세는 안정적이어서 손실률이 없다고 가정)

예상손실률(LGD) 산출[1]

구분	90% 손실률
익스포져(A)	20,067
만기 후 선박매각 시 회수가능가액(B)[2]	25,881
처분시 손실률(C)[3]	46.19%
예상 순자산가격(D=B×(1−C))	13,928
회수가액(D=E)	13,928
예상손실액(F=E−A)	△6,139
예상손실률(G=F÷A)	30.59%

1 5년 만기 시점, 해운회사가 부도 등의 사유로 선박 매입의 계약을 이행하지 못할 경우의 예상손실률

2 5년 후 잔존가치법(Demolition price, Case 1)과 만기후 중고선가로 팔린다는 가정(Secondhand value, Case 2)의 평균 (적정 환율 적용, 각 Case별 회수가액보다 Scrap value가 높을경우 Scrap 처리 가정)

	Case 1	Case 2	평균	비고
회수가능가액	$ 21,861	$ 22,249	$ 22,055	매각비용 2% 반영

3 처분시 손실률은 부도 발생 시 60일 이내 자산 처분 시 자산가격 하락으로 인한 90% 신뢰수준하의 손실률(BDI지수 수익률) 적용 = 투자기간(과거 5년) 동안의 60일 수익률을 이동평균으로 산출한 후 90% 신뢰수준 수익률 산출 및 적용, 보조지표 중 Expected Shortfall Contribution 개념을 도입하여 90% 신뢰수준을 초과하는 60일 수익률의 평균을 처분 시 손실률로 적용

· 만기 시 선박가치: 5년 후 잔존가치법(Case 1)과 만기 후 중고선가로 팔린다는 가정(Case 2)의 평균으로 산출
· 처분 시 손실률: 해운사 부도 발생 시 제삼자에 자산을 처분하여야 하며, 자산가격 하락으로 인한 손실률
* 손실률: 투자 기간(과거 5년) 동안의 60일 BDI 지수 수익률을 이동평균으로 산출한 후 이 중 하위 10%에 해당하는 값 = PERCEMTILE(과거 5년 치 자료, 0.1)

통계량	손실률
90%	-46.19%
95%	-54.45%

= PERCENTILE(C3906:C5155,0.1)

Date	Index	60일 손실률
10-11-2017	1,464	17.40%
13-11-2017	1,445	14.68%
14-11-2017	1,405	10.98%
15-11-2017	1,374	10.01%
16-11-2017	1,361	11.37%
17-11-2017	1,371	14.25%
20-11-2017	1,385	14.56%
03-1-2020	907	-48.35%
06-1-2020	844	-52.24%
07-1-2020	791	-55.31%
08-1-2020	773	-57.08%
09-1-2020	772	-58.80%
10-1-2020	774	-59.88%
13-1-2020	765	-60.24%
14-1-2020	763	-60.18%
15-1-2020	768	-59.54%
16-1-2020	768	-59.52%

= 60일 간격으로 BDI 수치를 나누고 마이너스 1을 한 수치

처분 시 손실률

(단위: 백만 원)

구분	0%	10%	⋯	80%	90%	95%
VaR	281.93%	87.99%	⋯	-33.37%	-46.19%	-54.45%

* 해운사 부도 발생하여 60일 이내 자산 처분시, 자산가격 하락으로 인한 손실률 적용
  (지표는 BDI, 신뢰구간 90%, 보유기간 60일, 참조기간 최근 5년(금융만기))

부도 시 손실률

(단위: 백만 원)

① 익스포져	② 처분가치	③ 처분 시 손실률	④ 회수가액 (②×(1-③))	⑤ 손실액 (④-①)	부도 시 손실률 (⑤÷①)
20,067	25,881	46.19%	13,928	-6,139	-30.59%

비예상손실(UL, Unexpected Loss) = 부도시 익스포져

× K함숫값(소요자기자본율)

· 부도시 익스포져(EAD, Exposure at Default): 부도시 리스크 노출잔액

· K함수(소요자기자본율): (총손실률 − 예상손실률) × 유효만기 조정

$$= [\, LGD \times N(\frac{1}{1-R})^{0.5} \times G(PD) + (\frac{R}{1-R})^{0.5} \times G(0.999) - EL \,] \times (1-1.5 \times b)^{-1} \times 1 + (M-2.5) \times b$$

· 상관계수(R) = $0.12 \times \dfrac{1-EXP(-50 \times PD)}{1-EXP(-50)} + 0.24 \times \{1 - \dfrac{1-EXP(-50 \times PD)}{1-EXP(-50)}\}$

· 유효만기 조정(b) = $\{0.11852 - 0.05478 \times \log(PD)\}^2$

신용리스크 산출(K함수 사용)

구분(단위: 백만 원)	90% 손실률
익스포져(A)	20,067
부도확률(B)	0.4187%
예상손실률(G)	30.59%

상관계수(R)[1]	0.266
유효만기(M)	5.0
유효만기 조정(b)[2]	0.175127790272026
UL[3]	3.42%
EL	0.13%
소요자기자본율(k)[4]	6.42%
리스크(G'=A*k+A*EL)	1,314

1 0.12*((1-EXP(-50*부도확률(B)))/(1-EXP(-50)))+0.3*(1-((1-EXP(-50*부도확률(B)))/(1-EXP(-50))))

2 (0.11852-0.05478*LN(부도확률(B)))^2

3 예상손실률(G)*NORMSDIST((1/(1-상관계수(R)))^0.5*NORMSINV(부도확률(B))+(상관계수(R)/(1-상관계수(R)))^0.5*NORMSINV(0.999))

4 (UL-EL)*(1-1.5*유효만기조정(b))^(-1)*(1+(유효만기(M)-2.5)*유효만기조정(b))

6. 선박금융 PM(Project Manager)

Only the paranoid survive!

알 선생이 셰필드대학교에서 MBA 과정을 수강할 때, 한 교수님의 발표 슬라이드에서 상기 문장을 보았다. 이 문장을 보는 순간 알 선생은 격하게 공감했다. 선박투자 프로젝트를 진행하다 보면 퇴근하는 지하철 안에서, 밥 먹을 때도, 샤워할 때도, 똥 쌀 때도 프로젝트가 머릿속에 떠오른다. 끊임없이 고민하고, 생각해야 부실이 없는 선박펀드가 만들어진다. 고민하고, 생각하고, 스트레스를 받을수록 해당 프로젝트는 완전해 진다. 프로젝트는 스트레스를 먹고 만들어진다.

PM은 기본적으로 선박금융과 관련된 모든 지식을 충분히 이해하고 있어야 한다. 선박에 대한 전문지식, 해운 시황 분석 능력, 해상보험에 대한 지식, 해상법과 영문계약법에 대한 지식, 금융, 재무, 회계, 세무, 외국환 거래에 대한 지식, 각종 규제 변화 등 많은 전문지식을 보유하고 있어야 한다. 특히 요즘은 환경 규제에 대한 이슈가 매우 민감하다. 암모니아, 수소, 풍력 등 너무 많은 가설이 쏟아지고 있다. PM에게는 폭넓은 지식과 치밀한 분석 능력이 요구된다.

거기에 더하여, 알 선생이 생각하기에 가장 중요하다고 생각하는 PM의 자질 중의 하나는 소신과 원칙을 지키는 고집이다. 요즘 우리나라 해운 기업들은 역사상 가장 좋은 선박금융 환경을 가지고 있다고 생각한다. 리먼 사태와 한진해운의 파산으로 민간 금융 시장은 전멸한 상황이지만, 정책금융기관들이 전폭적으로 선박금융 지원을 하는 상황이다. 가끔 개인적으로 생각하기에 정책금융기관에서 지원되는 조건과 금리에 적절한 리스크 프리미엄이 반영되었는지 의구심이 들 때가 많다. PM은 어떠한 경우라도 적정한 리스크 프리미엄 확보에 노력을 기울여야 하며 위험한 프로젝트라는 생각이 들면 진행을 포기해야 한다. 해운은 극심한 변동성이 존재하는 산업이기 때문이다. 특히 각국의 보호무역주의가 시작되면 해운 시장은 엄청난 타격을 입게 된다. 시장 논리와 정책 논리 등에 대해 진지하게 고민해 볼 필요성이 있다. 주관적 생각으로는 정부의 전폭적인 지원이 국내 해운업에 장기적으로 약이 될지 독이 될지 모르겠다. 아마 향후 10년 내로 답이 나올 것이다. 할 말은 정말 많으나 이만 줄이겠다. 세상사 사필귀정이다. 행동재무학을 공부하다 보니 세상사 모든 문제의 중심은 인간이라는 생각이 든다. 인간은 항상 합리적인 의사결정을 선택하지는 않는다.

거래 조건(Term Sheet) 작성 관련 능력

주요 거래 조건의 내용 하나하나를 파악하고 계속해서 읽고 작성을 해보는 것이 최선의 방법이다. BBCHP와 대출 계약서를 계속해서 공부하다 보면 자연스레 거래 조건 작성은 쉬워진다. 워드에 본인만의 거래 조건을 계속해서 만들어 보길 바란다. 대형 외국계 은행과 진행한 계약서를 구해서 공부하길 추천한다. 그리고 GMAT이라는 시험이 있다. SC 부분이 있는데, GMAT SC를 공부하면 거래 조건 작성에 도움이 된다. 정리하자면, 외국계 대형 로펌이 작성한 Loan Agreement, BBCHP 계약서 그리고 GMAT SC를 공부하면 좋다.

영문 계약서 관련

선박금융 계약서에는 여러 종류가 있다. PM이 되려면 계약서에 관해서도 전문가가 되어야 한다. 왕도는 없다. 읽고 또 읽어야 한다. 계약서에 사용되는 영어는 단어의 의미가 일반적 의미로 쓰이지 않는 경우가 많다. 계약서 협상 시 특히 행동재무학에서 언급되는 앵커링효과를 적극적으로 이용해야 한다. 반대로 앵커링효과에 당해서는 안 된다. 선박금융 지식이 얕을수록, 선박금융 초보일수록 2장에 언급된 앵커링효과에 끌

려간다. 상대방이 이끄는 덫에 빠지지 말고 기준과 원칙을 통해서 계약서 문구를 협상해야 한다. 아마 삼갑자의 내공이 쌓이면 앵커링효과를 피해갈 수 있을 것이다.

확실히 외국계 은행과 외국계 대형 로펌에서 만든 선박금융 계약서는 다르다. 기회가 된다면 주기적으로 외국계 대형 로펌에서 작성한 계약서나 대형 외국계 은행에서 사용하는 계약서를 확보하여 신규로 들어간 문구 등을 분석할 필요가 있다. PM은 끊임없이 배워야 한다. 선박금융 초보자에게 책을 추천한다면 수출입 은행에서 작성한 영문 계약서 해설책이 있다. 이 책을 기본으로 다른 서적도 공부하길 바란다. 아울러 PM은 S&P 계약서, TC 계약서, SM 계약서, CVC와 COA 계약서 등도 이해해야 한다.

선박투자 관련 시황 분석

왕도는 없다. 해운 신문들과 시황 리포트를 꾸준히 보면서 시장을 보는 눈을 키워야 한다. S&P, Time Charter Rate, 스크랩 가격 동향 등은 매일 필수로 봐야 하는 수치들이다. PM의 모든 능력 중 제일 중요한 능력이 시황 분석 능력이다. 로이드리스트, 알파라이너, 트레이드윈즈, 드류리, 마린머니 등의 기사를 꾸준히 읽으면 많은 도움이 된다.

회계와 세무 그리고 재무

가능하다면 10년 이상을 계획하고 CPA 공부를 하라고 권하고 싶다. 알 선생도 이것저것 정말 많은 공부를 했지만, 아쉬움이 남는다. 다시 과거로 돌아간다면 다른 자격증 공부는 무시하고, 단 하나 CPA 자격 취득 관련 공부만 할 것 같다.

숫자보다는 루머를 믿어라

재무제표의 숫자보다는 선박관리사에 다니는 동기나 선후배의 말에 기울이고, 벙커업자 또는 선박 브로커들에게 정보를 얻어야 한다. 개인적으로 그 정보가 재무제표의 숫자보다 월등히 더 중요하고 신뢰할 수 있는 정보라고 생각한다. 그리고 가장 중요한 점은 재무제표의 보기 좋은 숫자에 빠져들면 절대 안 된다는 것이다.

해상보험

PM이라면 H&M, MII, MAP, P&I, War Risk 등 모든 해상과 선박보험 관련 공부는 꼭 반드시 해야 한다. 단, 너무 깊게 들어갈 필요는 없다.

Financial Modelling

알 선생이 대학원을 다니면서 가장 많은 시간과 돈을 투자한 공부가 계량경제학Econometrics이었다. 확률, 통계, 선형대수학, 미적분 등을 공부해야 하는데, 개인적으로 실무에서 가장 쓸모가 없었던 공부도 계량경제학이었다. 특히 한때 ARIMA에 빠져 너무 많은 시간을 허비했었다. 그런데, 계량경제학이 유일하게 도움이 되었던 부분이 Financial Modelling이었다. 그러나 계량경제학은 참고만 하시길 바란다. 깊이 들어가는 공부는 권하고 싶지 않다. Financial Modelling 작업을 하려면 Clarksons, 인포맥스, Bloomberg, Drewry 등과 익숙해질 필요성이 있다.

선박투자 분석

선박금융은 세 가지 금융 성격을 가지고 있다. 자산담보부 금융Asset based Finance, 기업 금융Corporate Finance, 프로젝트 금융Project Finance인데, 세 가지 중 한 가지만 지탱이 되면 해당 선박금융의 원리금 상환에는 문제가 없다. 선박의 가격이 대출 잔액보다 높다면 선박을 처분하여 대출금을 회수할 수 있고, 해당 해운사가 견실하다면 선박금융 대출 원리금은 정상적으로 상환된다. 또한, 해운사가 망하고, 선가가 대출 잔액보다 낮아도 해당 선박이 수익성 좋은 운송 계약을 가지고 있다면 문제없이 대출 원리금을 상환 받을 수 있다.

그렇기에 선박투자를 할 경우 상기 세 가지 관점을 냉철하게 분석하여야 한다. 선가 분석, 해운사 분석 그리고 해당 선박이 투입될 프로젝트 분석을 신중히 할 필요가 있다. 알 선생의 개인적 경험으로 제일 삼가해야 할 투자 전략은 기업의 신용도에 의존하여 선박금융을 실행하는 투자 전략이다. 과거 2000년대 국내 상위 1위에서 10위까지의 해운기업 중 현재까지 법정관리나 파산을 겪지 않은 해운사가 몇 군데인지 살펴보기 바란다. 국내 1위 해운사였던 H1 사는 파산했고, H2 사도 파산 직전까지 갔으나 정부의 지원으로 기사회생했다. D 사와 P 사는 법정 관리를 신청했었다.

해운사는 경쟁력 있는 금리를 확보하기 위해 조달이 가능하다면 외국계 금융기관에서 대부분의 선박금융을 조달하려고 노력한다. 하지만, 보유하고 있는 선박금융의 대다수가 외국계 금융기관의 선박금융으로 이루어져 있으면 경영상 위기를 겪을 때 지원을 받을 수 없기도 한다. 지원된 금액이 외국계 금융기관으로 들어가기 때문이다. 금융기관들은 자신들의 기업 대출금과 선박금융 상환이 최우선이기 때문에 모든 전략과 전술을 본인들의 대출금 상환에 맞추어 계획한다.

금융기관이 조선소에 막대한 대출 잔액이 있을 경우에도 불황기에 조선소 지원을 위하여 선박 건조 지원을 위한 전략과 전술을 수립하고, 대규모의 신조 선박금융 지원을 계획하기도 한다. 해운기업을 위한 전략인지, 조선소를 위한 전략인지, 또는 금융기관의 채권 회수를 위한 전략인지는 쉽게 구분되지 않는다. PM은 Syndicated Loan이나 Club deal을 진행할 때 프로젝트 분석을 현명하게 진행하여 타 금융기관에게 이용당하지 않도록 주의해야 한다.

투자하려는 선박의 가격이 Historical 선가의 중위분을 넘어섰다면 투자 중단을 심각하게 고려해야 한다. 신뢰할 수 있는 화주의 장기 화물 운송에 투입되는 선박 혹은 LTV 50% 이하의 선순위 투자를 고려하는 것이 현명하다고 알 선생은 생각한다. PM은 실적 압박 때문에 투자보다는 투기나 도박을 선택하는 경우가 자주 있다. 그러나 투자와 도박은 엄연히 다르다. 순간은 실적 압박의 고통에서 벗어날 수 있지만, 부실이 발생한다면 "실패한 선박투자 PM", "부실 선박금융 조성자"란 낙인은 죽을 때까지 지워지질 않는다. 남들은 속일 수 있지만, 본인은 절대 속이지 못한다. 아돌프 아이히만이 재판장에서 말했다. *I was just following orders.*

PM이 중고선가 추정을 할 때 추가로 조심해야 할 부분이 있다. 범용성이 낮거나 사용자가 한정되어 있는 선형들은 시황이 폭락하거나, 해당 선박을 많이 보유한 해운사가 법정 관리를 신청하거나 파산할 경우 선령에 상관없이 해당 선박들의 가격이 스크랩Scrap 가격까지 추락한다는 사실이다. 대형 컨테이너선사가 파산했을 때 컨테이너 선박의 가격이 말도 안되는 가격까지 떨어지는 것을 우리는 이미 경험했다. Historical Data가 의미 없게 된다. 이 내용은 프로젝트 가정 시 반드시 고려해야 할 요소이다.

PM은 엑셀로 본인만의 프로젝트 분석 시트를 만들어야 한다. 각종 함수를 공부해서 자동화 프로젝트 분석 시트를 만들어 놓으면 선박금융 업무를 진행하기에 굉장히 수월하다. 세 가지만 이해하면 선박투자의 현금흐름에 대한 기본 분석이 가능하다. Time Charter Rate에 대한 이해와 분석, 해당 선박의 OPEX와 CAPEX이다. 우선 이 세 가지를 이해하고, 그후 부수적인 내용으로 공부 범위를 넓혀 가기 바란다. 시간 지나면 알게된다. 결국은 돌고 돌아 결론은 시황 분석이고, 결론은 타이밍이다.

Shipping is a cyclical industry! Timing is everything!

5

알 선생의
인생 이야기

대학교 진학을 고민하던 고등학교 3학년 때 같은 반에 해양대학교 진학을 준비하던 친구가 있었다. 국비 지원, 전원 기숙사 생활, 해군 장교 임관, 흰 제복, 항해사 면허, 기관사 면허 등 친구가 말하는 모든 혜택은 나, 알 선생에게 너무나 매력적이었다.

그날부터 알 선생은 해양대학교에 관한 정보와 각종 자료를 수집하기 시작했다. 지금이야 인터넷이 널리 보급되어 원하는 정보를 쉽게 알 수 있지만, 당시에는 서점에 있는 진학 관련 서적을 통해서만 학교 관련 정보를 부분적으로나마 알 수 있었다. 정보를 접할수록 해양대학교에 입학하고 싶다는 열망은 간절해졌고, 결국 알 선생은 한국해양대학교 해사대학 해사수송과 51기로 입학해 보잘것없던 인생을 완전히 바꿔놓게 되었다. 해양대학교를 처음 알게 해 준 친구는 점수가 충분했지만 고향에 있는 대학교로 진로를 틀었다.

하지만 알 선생이 꿈꾸던 대학 생활과는 거리가 멀었고 이미 입학 전부터 환상은 산산이 깨지고 말았다. 일주일 정도 오리엔테이션을 한다기에 실습선을 타고 독도나 울릉도에 가는 일정을 예상해서 한 주 동안 읽을 책과 기본적인 준비물을 챙기고 전주를 떠났다. 그리고 한참을 달려 날이 좋으면 대마도가 보이는 부산 끝자락에 자리한 조도의 한국해양대학교 캠퍼스에 도착했다.

「우리들의 천국」, 「사랑이 꽃피는 나무」 등 TV 프로그램에서 봤던 대학 생활의 환상은 적응 교육 첫날부터 무참히 박살 났다. 무시무시한 빨간색 팔각모를 쓴 교관이 등장해 "대가리 박아!"라고 외치던 그때의 기억이 아직도 생생하다. 기합을 받는 것도, 구타를 당하는 것도 힘들었지만 가장 힘든 것은 화장실을 가지 못하게 하는 것이었다. 당시만 해도 순진했던 알 선생은 시키는 대로 소변을 참았는데, 지금도 그 교관을 생각하면 이가 갈릴 정도다. 당시의 행위는 폭력이자 학대였다. 평소에는 능동적이었던 한 인간은 그 짧은 교육 기간 내내 주위 눈치를 보며 살아가는 수동적 인간이 될 수밖에 없었다. 세월이 흘러 요즘은 해양대에서 기합과 구타가 없어졌다고 하니 정말 다행이지 싶다.

2년 차의 생활은 더 힘들었다. 거의 매일같이 태종대 정상까지 1회 이상 전력 질주하는 엄청난 거리의 전투 구보, 체력 훈련과 기합 등 하루하루가 고통이었다. 대학교가 아니라 특수부대 양성소 같다는 착각이 들

정도였다. 이전에는 몰랐지만, 한국해양대학교는 실제로 매년 특수부대 장교를 배출하는 학교였다. UDT, SSU, UDU 등 특수부대 군복을 입은 졸업생 선배 장교들이 종종 눈에 띄곤 했다. 알 선생의 동기 중에서도 68명이 졸업 후 해군 소위로 임관했는데, 10여 명이 특수부대 훈련을 통과했던 것으로 기억한다.

그나마 대학교 생활을 통해 얻은 가장 큰 자산을 꼽으라면 극한상황도 극복할 수 있다는 자신감인 것 같다. 하지만 문제는 할 수 있다는 자신감만 있을 뿐 실제로 실행하지는 않는다는 것이었다. 하루에도 몇 번씩 "학교를 그만둘까?"라는 고민을 했고, 결국 졸업까지 하게 되었다.

사관학교나 해양대학교에 다니는 학생들에게 꼭 권하고 싶은 영화가 있는데, 「디 벨레Die Welle」다. 유튜브에 있는 짧은 소개가 아니라 영화 전체를 볼 것을 권한다. 특히 작전참모, 작전관, 생활교육부장 직책에 있다면 반드시 보기 바란다. 사람은 아는 만큼 보이고 아는 만큼 생각할 수 있다. 반드시 이 영화를 보고 후배들을 훈육하면 좋겠다.

2. 승선 생활과 알 선생

아프라막스 탱커(Aframax Tanker) R 호

시간이 흘러 힘들고 괴로웠던 2년 차 생활도 끝이 났고, 지긋지긋한 학교를 벗어나고 싶어 MOC에 실습을 신청했다. 촌놈이었던 알 선생은 난

생처음으로 김포공항에서 비행기를 타고 독일 프랑크푸르트를 거쳐 브레멘 공항에 도착했고, 차를 타고 도착한 항구에서 R 호를 마주했다. 안개가 자욱한 부두에 있는 R 호는 너무나도 아름다웠다. 승선해 방을 배정받은 뒤 첫 항해를 떠났는데, 아프라막스 탱커였던 R 호는 독일과 영국을 경유해 캐나다로 향했다. 대서양을 건너면서 황천을 만났는데, 그때 처음 쇳덩어리가 엿가락처럼 휘는 것을 볼 수 있었다. 탄성이 없으면 배가 쪼개진다는 말을 그때 이해했다. 그 커다란 배가 너무나도 쉽게 휘어지는 것이 신기할 정도였다. 그렇게 캐나다에 도착했고, 멕시코와 베네수엘라에서 기름을 실어 미국 남부로 수송하는 임무를 수행했다.

가끔 미시시피강을 따라 뉴올리언스로 향할 때는 미국 파일럿이 교대로 승선해 선박을 조종했다. 하루는 꽤 연배가 높은 어르신이 파일럿으로 승선했는데, 대화를 하고 싶으셨는지 계속 알 선생에게 말을 걸곤 했다. 영어로 대화를 할 좋은 기회였지만 회화 능력이 좋지 않아 스트레스만 잔뜩 받을 뿐이었고, 같이 항해하는 한국인 타수 앞에서 창피만 당할 뿐이었다. 그래서 학교에 돌아가면 열심히 영어를 공부하겠다고 다짐했지만 돌아보니 4학년 때는 임관과 졸업 준비 때문에 그럴 정신이 없었던 것 같다.

알 선생은 그 배에서 짧은 항해 일정Short Voyage의 무서움을 절실히 깨달았다. 단기간에 화물의 선적과 하역이 빠르게 이루어지다 보니 모든 선원이 수면 부족에 시달릴 수밖에 없었다. 선원들의 스트레스는 극에 달했고, 심지어 벙커의 질이 떨어진 탓에 푸에르토리코 연안에서 배가 블랙아웃되어 표류하는 상황에 처했다. 설상가상으로 베네수엘라에서 선적한 원유는 다른 지역의 원유와는 달리 특유의 독한 냄새가 나는 가스가 발생하고 있었다.

배의 모든 기능은 정지되었고, 에어컨이 작동하지 않았을뿐더러 샤워도 할 수 없는 상황이었다. 첫날에는 냉장고에 있는 모든 음식을 꺼내 풍족하게 식사를 했지만, 이튿날부터는 된장만 풀어 끓인 일명 '똥국'과 밥만으로 끼니를 해결해야 했다. 선주 측의 감독들은 일과가 끝나면 헬기를 타고 호텔로 돌아갔지만, 알 선생을 비롯한 선원들은 덥고 지독한 가스 냄새가 가득한 배에서 지내야 했다. 당시 감독의 이름이 제보스였는데 지금도 감독을 하고 있는지는 모르겠다.

선내 분위기는 최악으로 치닫고 있었고, 결국 사고가 발생했다. 대학교 선배였던 일등 기관사님이 급성 췌장염으로 병원에 실려 갔고, 도착하자마자 돌아가시고 말았다. 그러자 본선 선원 대부분이 하선을 신청했고, 실습 6개월 차였던 알 선생도 심각하게 고민했다. 실습 기간에 최대한 많은 것을 배우려 했지만 고민 끝에 하선에 동참했다. 당시에는 모든 것이 싫었다. 뉴욕과 앵커리지를 거쳐 한국으로 돌아왔고, 집에 도착한 뒤에는 며칠 동안 잠만 잤던 것 같다.

그렇게 나의 첫 상선, R 호와 헤어졌다. 짧은 기간이었지만 열심히 뛰어다니면서 보고, 듣고, 물으며 많은 것을 배웠다. 이때 배운 지식과 경험 덕분에 군에서 제대한 이후 맡은 삼등 항해사 업무는 자신감을 갖고 쉽고 편하게 수행할 수 있었다.

컨테이너선 P 호

하선 신고를 하러 학교로 가던 중 내가 심각한 병에 걸렸다는 사실을 알게 되었다. 나도 모르는 사이 바다 중독증에 걸려 있었던 것이다. 브리지에서 마시는 커피 한 잔과 바다 냄새, 그리고 쏟아질 듯한 별과 달이 계속 생각났고, 선내의 모든 것이 몹시 그리웠다.

R 호에서 하선할 때에는 집에서 편하게 여름방학을 보내고 2학기에 동기들과 함께 학교 실습선에 승선하겠다는 마음을 갖고 있었다. 하지만 이내 생각이 변했고, 다시 배를 타야겠다는 생각만 머릿속에 가득했다. 게다가 배워야 할 것도 너무 많았다. R 호에서 전파, 천문, 지문항해 등을 열심히 배우기는 했지만 아직도 많이 부족하다는 느낌이 들었다.

하선 후 3일 차가 되던 날 고속버스터미널로 향했다. 방학 중이어서 학교는 한산했고, 실습할 수 있는 회사를 찾던 중 1,700TEU급 컨테이너선인 K 해운의 P 호를 발견했다. 곧장 짐을 꾸려 부산으로 향했고, P호에서 생애 두 번째 승선 생활을 시작했다.

P 호는 부산에서 출발해 대만, 베트남, 싱가포르, 말레이시아를 거쳐 다시 부산과 울산으로 돌아오는 동남아시아 루트의 컨테이너 선박이었다. 정기적으로 한국에 귀항하는 선박이었기에 사관 전원이 해양대학교 선배들로 구성되어 있었다. MOC의 R 호와는 다른 분위기였다. 일등 항해사는 전형적인 '꼰대' 선배로 이등, 삼등 항해사 선배들이 매우 힘들어했다. 사적인 자리에서는 알 선생에게 병역특례만 끝나면 승선 근무를 하루도 더 하지 않을 것이라며 격한 원망과 서러움을 쏟아냈다. 안타까

웠다. 역시나 문제는 일이 아니라 사람이었다. 병역특례 때문에 하소연도 못 하고 일방적으로 갖은 괴롭힘을 당해 온 것 같았다.

R 호에서는 항해 중 태양과 별을 보며 위치를 잡았지만, P 호에서는 항해할 때 견시와 레이더만 보며 단조로운 일상을 보냈다. GPS로만 위치를 잡았고, 항해사들은 컨테이너 점검과 같은 업무에 더 신경을 썼다. 알 선생이 육분의Sextant로 위치를 내니 매우 신기해하며 가르쳐달라고 하기도 했다. 삼등 항해사님은 너무 좋은 사람이었는데, 당직을 설 때마다 알 선생에게 왜 상선 실습을 나왔냐고 잔소리를 했다. 어리석은 판단이라며 빨리 하선하라고 촉구할 정도였다.

상선은 언제든 탈 수 있지만, 동기들과 하얀 제복을 입고 원양 항해를 갈 수 있는 것은 인생에 단 한 번뿐이라는 것이 이유였다. 부산에 도착하면 하선하라는 조언도 하셨다. 그 조언이 맞다고 생각했지만 회사 관계자들에게 미안한 감정이 들었다. 계속 고민을 한 끝에 삼등 항해사님의 조언을 받아들이기로 하고 승선 2개월 만에 부산항에서 하선했다.

하선 전까지는 마음이 매우 불편했다. 하지만 역시 인간은 간사한 동물이었다. 학교 실습선으로 복귀하자마자 회사에 가졌던 미안한 감정은 씻은 듯 사라졌다. 삼등 항해사님의 조언은 정확했다. 동기들과 함께 H 호를 타고 떠난 원양실습은 너무나 좋았다. 많은 추억을 쌓으며 사진도 찍었고, 그렇게 정신없이 3년 차가 지나갔다. 이 책을 빌려 K 해운에 감사함과 죄송함을 전한다.

○○함

○○함은 작전사 소속이자 교육사 소속의 함정이었기에 입출항이 잦았다. 입출항을 할 때마다 항해과 소속 초급장교들은 진해만의 섬들을 파악하고 신속하게 방위각을 찍어 함정의 위치를 해도에 표시해야 했다. 위치가 잘못되거나 시간이 지체되면 선배 장교가 컴퍼스 핀으로 손등을 찍곤 했다. 때로는 따로 집합시켜 기합을 주기도 했다. 그래서 입출항을 할 때는 늘 걱정과 긴장이 가득했다. 매번 스트레스를 받았지만 점점 손은 빨라졌다.

○○함에서 보낸 시간은 고통과 인내의 연속이었기에 생략하려 한다. 지금은 선배 장교가 함정에서 구타하는 일이 없어졌기를 간절히 기원한다. 1급 함에서 초급 장교 생활을 견뎠다면 이들은 이미 대한민국의 훌륭한 인재이자 멋진 남자임을 증명한 것이다. 알 선생은 군에서 함정 생활을 했기 때문에 상선으로 옮긴 뒤에는 꽤 빠르게 이등 항해사로 진급할 수 있었다.

핸디사이즈 벌크선 G 호

○○함에 승선해 있던 중 알 선생은 ○○학교 본부 대장으로 발령이 났다. 중위 계급에서 지휘관 보직을 받다니, 한편으로는 영광이었고 다른 한편으로는 걱정이었다. 지옥 같았던 ○○함만 벗어나면 마냥 행복할 줄 알았지만 또 다른 지옥이 나를 기다리고 있었다. 부임지에 가기 전, 전임 본부 대장이 스트레스로 쓰러져 내가 발령받았다는 소식을 듣고 긴장이 가득했다.

알 선생 밑으로는 12개의 관리 직별이 있었고, 직별장은 모두 전역이 얼마 남지 않은 상사나 원사 계급이었다. 매일이 전쟁이었다. 보일러가 수시로 고장 나서 자다가 새벽에 뛰쳐나가기도 하고, 통근 시간에는 평범하지 않은 A 교장님의 전용차가 고장 나서 극심한 스트레스를 받기도 했다. 당시 운전병이 심각하게 스트레스를 받아 원형 탈모에 걸릴 정도였는데, 다른 운전병으로 교대해 주지 못했던 것이 아직도 미안하다.

가장 큰 문제는 알코올중독자인 가스장이었다. 당시 ○○학교에는 큰 LPG 가스 저장소가 있었는데 담당 가스장이 알코올중독이었다. 여러 가지로 문제가 많았는데 큰 사고가 날까 싶어 매일 걱정하며 스트레스를 받곤 했다. 한참을 고민하다가 가스장에게 전역 신청을 권고했다. 많은 일이 있었는데 결국 정년이 머지않았던 가스장은 전역했다. 그 일로 알 선생은 위염을 심하게 앓았고, 전역까지 얼마나 남았는지 매일같이 세며 전역하면 바로 상선으로 달려가겠다고 다짐했다. 알 선생은 정말 배가 그리웠다.

국방부 시계가 흘러 전역의 그 날이 왔고, 알 선생은 핸디사이즈 벌크선의 삼등 항해사가 되었다. ○○학교에서 여러 교장님을 모셨지만, 알 선생에게 많은 격려와 도움을 주신 최영규 교장님께 이 책을 통해 감사의 인사를 전한다.

G 호에서의 생활은 천국 그 자체였다. 이미 실습 기간에 상선 업무를 많이 배우고 경험했으며, 군대에서도 산전수전을 다 겪었기에 항해를 비롯한 각종 업무에 막힘이 없었다. 삼등 항해사로 근무하면서 학생 때부

터 꿈꾸던 승선 생활을 했기에 정말 행복했다. 태평양의 맑은 공기는 폐를 깨끗하게 씻어 주었고, 윙 브리지에서 마시는 커피 한 잔의 여유는 더할 나위 없이 행복했다.

하지만 그 행복은 3개월 이상 이어지지 않았다. 승선 후에는 하루하루가 너무나도 즐거웠지만 3개월이 지나자 각종 고민과 걱정이 뇌리에 들어차기 시작했다. 승선 전에는 돈을 모아 영국으로 떠날 계획을 세우고 있었기에 승선 기간에 영어 공부를 엄청나게 해야 했다. 대학교 때 아르바이트를 하며 모은 돈으로 시작한 주식도 운 좋게 수익이 났고, 군에서 전역할 때까지 몇 푼 안 되는 월급도 잘 모았다. 게다가 퇴직금도 있기에 1년 정도만 배를 탄다면 영국에서 2~3년 정도 버틸 수 있는 자금은 마련할 수 있을 것 같았다.

그렇게 떠난 첫 항해의 목적지는 뉴질랜드였다. 항해 당직을 설 때 영어 단어를 외웠고, 당직이 끝나면 방에서 영작 문제집을 풀고 문법을 공부했다. 정한 목표량은 매일 채우기 위해 최선을 다했다. 모든 것이 순조로웠고, 항해도 천국 같았다. 밤이 되면 별이 쏟아질 것처럼 잘 보였고, 마주치는 선박도 별로 없었다. 브리지에서 커피를 마시면서 "이게 행복이지!"라고 중얼거리며 좋아했다. 군 생활이 힘들 때마다 꿈꿨던 모습 그대로였다. 뉴질랜드 옆을 지날 때 밝은 보름달 아래에 후지산을 닮은 산이 보였는데, 그 풍경은 말 그대로 한 폭의 그림 같았다.

자고 일어나니 뉴질랜드였고, 눈에 보이는 풍경 하나하나가 모두 한 폭의 작품이었다. 화주가 화물을 엉망으로 잡아 입출항이 잦았지만, 덕분에 뉴질랜드의 많은 항구에 정박할 수 있었고 멋진 풍경도 많이 볼 수 있었다. 그렇게 덱Deck까지 원목을 가득 싣고 우리 배는 인천과 부산, 일본의 미시마까지 항해했다.

인천항으로 들어가던 중 우리 배는 협수로에서 자이로가 고장 나 버렸다. 선장님은 걱정을 많이 했지만, 이상하게도 알 선생의 마음은 평화로웠다. GPS 없이 해도와 섬들을 보며 편하게 혼자 배를 끌고 몇 시간 동안 협수로에서 이동했고, 인천항의 파일럿 스테이션까지 무사히 도착했다. 고통스러웠던 해군 함정 생활이 의외로 도움이 되었다. 그 덕분에 이등 항해사가 휴가를 간 사이 선장님께서는 알 선생을 이등 항해사로 본선 진급시켰다. 돌아보면 군에서 고생한 해양대학교 출신 항해사들은 상선 생활 적응과 진급이 빨랐다. 어쨌든 매일같이 열심히 영어를 공부했고, 정해진 목표량을 채울 수 있었다.

원목 항차가 끝나고 다음 항해는 목포, 포항과 일본 미즈시마, 코쿠라에서 철제 제품을 싣고 샌프란시스코와 LA 등지를 거쳐 파나마 운하를 통과해 뉴욕에 이르는 일정이었다. 순조로울 것만 같았던 알 선생의 승선 생활은 이때 심각한 위기를 맞게 되었다. 동서로 움직이는 항해를 시작하자 신체 리듬이 깨지기 시작한 것이다. 피곤하고 멍한데 잠을 잘 수가 없었다. 낮에는 잠이 쏟아졌고 밤에는 쌩쌩했다.

정한 공부 목표량을 채우기 위해 노력했지만 쉽지 않았고, 이 상황에 스트레스를 많이 받았다. 잠을 잘 수 없으니 피곤이 몰려와 공부에 집중할 수가 없었고 걱정과 스트레스만 가득했다. 수면제 없이는 잠을 못 잤다. 하지만 수면제를 먹으면 다음 날 머리가 깨질 듯 아팠다. 공부 스트레스가 제일 견디기 힘들었다. 정해진 목표량을 채우지 못하자 혼자 스트레스를 받으며 고통스러워했다.

미국 동부에서 콩을 싣고 한국으로 오면서 신체 시계는 완전히 박살났다. 알 선생은 결국 버티지 못하고 공부를 포기했다. 당직이 끝나면 휴게실에서 한국 드라마를 봤다. 비디오테이프가 있던 시절이었는데 중독성이 대단했다. 역시 한국 드라마라는 생각이 들었다. 시간도 잘 갔고, 심신은 조금씩 회복되었다. 배에서 공부하기가 쉽지 않다는 것을 그때 느꼈다. 남북으로 이동하지 않는다면 독서를 하는 게 나을 것 같다는 생각을 했다. 동서로 움직이는 배에서 공부하기란 정말 답이 없었다.

잠도 잘 못 잤고 영어 공부도 스트레스였지만 결정적으로는 잘 먹지를 못해서 원래 70kg대였던 몸무게가 58kg으로 줄어 있었다. 당시 배의 주자가 한국인이었는데 정말 위대한 손을 갖고 있었다. 멀쩡한 식자재도 그 사람의 손을 거치면 도저히 먹을 수 없는 음식이 되어 내 앞에 놓였다. 선장님이 브리지에서 욕을 할 정도였으니 내 입의 문제는 아니었다. 라면도 냄새가 심했다. 라면과 밥, 김치만 잘 먹었어도 살이 그렇게 빠지지는 않았을 것인데, 분명 유통기한이 많이 지나 문제가 있는 라면이었을 것이라는 생각이 들었다. 한국에 입항하면 김치와 젓갈 따위를 사서 개인 냉장고에 넣어두고 밥을 먹고 싶었으나, 당시에는 주자에게 예의가 아니라는 생각에 차마 그렇게까지는 못했다. 지금 생각해 보면 눈치 볼 일이 아니었다. 내가 먹고사는 게 우선이 아닌가. 선상에서의 쓰레기 밥은 심각한 문제다. 다시 승선한다면 각종 영양제를 사서 챙겨 먹고, 눈치 보지 않고 각종 반찬도 들고 배에 오를 것이다.

G 호에 있을 때는 정박하는 모든 항구에 상륙하기 위해 노력했다. 맛있는 우동 가게도 찾아가고, 사진도 많이 찍었다. 요즘처럼 스마트폰이 있었다면 유명한 맛집도 찾아갔을 것이다. 지금도 기억에 남는 한 가지 부끄러운 일은 치약이 떨어져 뉴질랜드 마트에서 새로 사 온 것이 애완견 치약이었다는 것이다. 다른 치약이 없어서 그 치약으로 계속 양치질을 했다.

요즘은 코로나 때문에 승선 생활이 별로 재미없을 것 같기는 하다. 지금도 승선하고 있는 선후배들의 안전한 항해와 건강, 행복을 기원한다. 기회가 된다면 알 선생도 다시 한번 승선하고 싶다. 항해사 시절이 좋았다.

　G 호 계약 기간이 끝나고 알 선생은 어머니가 있는 전주로 돌아왔다. 몸과 마음이 지쳐서 하루라도 빨리 영국으로 떠나고 싶었다. 그래서 배에서 돌아온 다음 날 무작정 ○○대학교 후문에 있는 유학원을 찾았다. 그 당시는 인터넷이 발달하지 않았던 시기였기에 유학원에 들어가 영국 아무 곳에서나 1년 정도 어학연수를 할 수 있는 프로그램을 추천해 달라고 했다. 어학원에서 추천한 곳은 케임브리지였다. 그렇게 알 선생은 케임브리지와 연을 맺었다.

　런던 히드로공항에 도착하였는데 먹구름이 가득한 하늘에서는 비가 내리고 있었고, 알 선생의 마음도 몹시 심란했다. 픽업 서비스 차량으로 약 1시간 이상을 달려 도착한 홈스테이 집은 할아버지와 할머니가 사는 집이었다. 할아버지의 이름은 빅터였고 할머니는 워낙 성격이 나빠서 이름을 잊어버렸다. 전형적인 노동자 계층의 집이었는데, 부족한 수입을 보충하기 위해 외국 학생들을 홈스테이로 들이는 모양이었다.

　20여 년이 지난 지금 케임브리지를 생각하면 킹스칼리지, 펀팅, 큰 사각형 잔디 공원과 실내수영장이 생각난다. 한국으로 치면 읍 정도 규모의 조용한 시골이었다. 런던까지는 기차로 약 1시간 정도가 걸렸다.

　영국에 도착하기 전까지 알 선생은 영어에 대한 무모한 자신감이 있었다. 암기에 자신 있어서 영어 단어를 많이 암기하여 영어 성적이 좋았기 때문이다. 수능 때도 한두 문제를 틀리긴 했지만, 영어는 자신 있는 과목이었다.

    그러나, 케임브리지에 도착하면서 영어에 대한 깊은 좌절에 빠졌다. 알 선생이 영어로 말하면, 영국 선생이 계속 "Pardon?"을 외치는 것이었다. 자신감은 추락했고, 마음은 조급해졌다. 정확한 문장을 말하는데, 왜 알아듣지 못하는 걸까 하는 마음에 매우 답답했다. 원인을 발견하는 데는 그리 오랜 시간이 필요하지 않았다. 한국어와 전혀 다른 발음 문제였다. 알 선생은 대한민국의 영어 교육 시스템에 대해 마음 깊은 곳에서부터 분노와 화가 치밀어 올랐다. 그동안 대한민국에서 배운 영어는 도대체 무엇이란 말인가?

    알 선생은 영어 발음 교정에 들어갔다. 그러나 그게 하루아침에 될 일은 아니었다. 아무리 노력해도 제대로 나오지 않는 영어 발음 때문에 혀를 자르고 싶다는 생각까지 들었다. 부단히 노력했음에도 F와 P, R과 L 발음은 쉽게 교정되지 않았다. 하루는 홈스테이 할머니에게 'River'와 'Liver'의 발음 교정을 도와달라고 했다. 하지만 곧바로 후회했다. 할머니는 두어 번 발음을 교정해 주다가 설거지를 하던 포크를 싱크대에 집어던졌다. 짜증이 났던 모양이다. 영국 할머니의 지랄 맞은 성질을 또다시 경험하면서 영어 회화에 더 의기소침해지고 자신감을 완전히 상실하게 되었다. 이 할머니에 대해서는 안 좋은 기억이 많다. 한번은 한국 음식이 그리워 중국 마트에서 산 신라면을 끓여 먹었는데, 그게 마음에 들지 않았는지 문이란 문은 전부 쾅쾅거리며 열어젖혀 크게 스트레스를 받은 적도 있다.

짧은 케임브리지 생활 3개월은 알 선생에게 많은 것들을 제공했다. 밤 낮으로 책 전체를 반복해서 베끼며 외우려 한 덕에 그래머 수준이 놀랄 만큼 향상되었으며, 끊임없이 수정받으며 발음한 덕에 F와 R 발음도 조금씩 구분하여 쓸 수 있게 되었다.

사람은 본인이 보고, 느끼고, 배운 만큼 살아가는 것 같다. 알 선생에게 는 영어가 매우 중요했다. 영어 때문에 많은 기회를 잡았고 또 영어 때문 에 기회를 놓치기도 했다.

알 선생은 영어 실력이 부족해서 항상 영어에 대한 스트레스가 있었으 며 벽도 느꼈다. 흙수저로 태어나서 영어에만 집중하기가 어려웠다. 할 일도, 배워야 할 것도 많았고 초등학교 때부터 집안일과 공부를 병행해 야 하다 보니 공부를 제대로 할 시간이 없어서 인생 자체가 참 피곤했다. 살아오면서 해야 할 것과 하고 싶은 것이 정말 많았는데, 여기저기에서 영어가 계속 발목을 잡았다. 영어라는 허들을 겨우겨우 넘으면서 힘겹게 살아온 경험들 때문에 영어에 대한 스트레스가 머릿속에 가득했다.

해운 및 선박금융의 기본 통화는 현재 USD이고, 선박금융에 대한 이해 도와 경쟁력 있는 금리 제공 측면에서 국내 금융기관들은 외국계 금융기 관들의 상대가 되지 못한다. 그렇기에 선박금융 PM은 유창한 영어 실력 으로 더욱 경쟁력 있는 선박금융을 확보하고 지원하여야 한다. 투자 업무 를 수행하면서 그리고 많은 외국계 기관과 일을 하면서 느낀 것이 많다. 그중 하나는 한국 사람이라면 완벽한 한국말과 한국 정서, 가치관 등을 기본으로 갖추어야 한다는 것이다. 기본을 완벽하게 다지고 거기에 추가로 유창한 영어가 장착되었을 때 월등한 경쟁력이 생긴다. 균형이 안 맞거나 한쪽이 부족하면 앞으로 시장에서 살아남기가 쉽지 않다고 본다.

업무에 대한 지식과 각종 능력은 월등히 앞서지만, 언어 때문에 상대방을 설득하지 못하거나 논쟁에서 이기지 못할 때는 너무 화가 났다. 특히 외국계 은행에서 근무할 때 콘퍼런스콜에서 헛소리만 지껄이는 원어민들 때문에 몇 시간씩 성과없는 통화로 시간을 낭비하거나 야근을 해야 할 때는 너무 화가 났다. 수준 낮은 외국계 투자 금융인들이 단지 영어가 모국어라는 이유로 알 선생보다 몇 배 많은 연봉을 받는다는 것도 억울했다. 각종 콘퍼런스에서 영어로 발표해야 할 때면 몇 주 전부터 긴장과 스트레스의 연속이었으며, 발음 연습에 너무 많은 시간을 빼앗겼다. 각종 강의나 발표 때도 마찬가지였다. 그놈의 영어는 알 선생에게 계속 스트레스를 주었다.

지극히 개인적인 생각이지만, 만약 영어로 의사소통이 좀 더 원활하였다면 더 좋은 기회와 더 멋진 사람들을 더 많이 만날 수 있었을 것이라고 생각한다. 그래서 알 선생은 아들의 영어 교육에 더 집착하고 있다. 아들이 좀 더 나은 삶을 살기를 바라는 마음에서다.

영어권 학교에서 공부하려면 영어 성적이 필요하다. 특히 영국에서 석·박사 과정을 밟으려면 IELTS 점수가 필요하다. 알 선생은 IELTS 시험 때문에 두 번 고생했다. 한 번은 20대 후반, 다른 한 번은 40대 중반이었다. 20대 후반에는 영국에서 IELTS 시험이 무슨 시험인지도 모르고 시험 준비를 했고 시험을 봤다. 영국에 건너갔을 때는 해운 회사에 수습사원이라도 되면 대학원을 갈 생각이 없었으나, 취업이 계획대로 되지 않아서 비자 문제를 해결하고자 대학원 입학을 선택하게 되었다.

3개월간 케임브리지에서 어학원을 다녔고, 런던에서 디플로마Diploma 과정을 진행하는 도중 IELTS 시험을 총 3번 치렀다. 스피킹은 별다른 준비를 안 해도 계속 6점과 7점을 오갔다. 리스닝도 6~6.5점이 나왔고 라이팅도 6~7점이 나왔다. 문제는 리딩이었다. 시험을 볼 때마다 시간이 모자랐고 계속 5.5점이 나왔다. 결국, 총평균은 6.5점이 최고점이었고 원하던 7점이 나오지 않았다. 그래도 디플로마 졸업 평점 평균이 B가 나와 원하던 대학원에 진학할 수 있었다. 영국에서의 IELTS 시험은 영어 실력만으로 본 정직한 시험 점수 그 자체였다. 그 당시에는 교재도 한정적이었으며, 온라인 교육 등은 존재하지 않았다.

40대 중반에 알 선생은 다시 IELTS 시험을 보게 되었다. 영국 MBA 입학을 위한 여정이었다. 빡빡한 직장 생활 속에 4개월 동안 준비하고 시험은 3주에 한 번꼴로 5~6차례를 치렀다. 20여 년 전 경험 때문에 IELTS 시험을 은근히 무시하며 시험 준비를 하게 되었다. 3개월 간격으로 볼 수 있었던 시험은 매주 보도록 제도가 바뀌어 있었다. 20여 년 전에 고생했던 리딩만을 걱정하며 시험 준비에 들어갔다. 첫 시험에서 가볍게 총평균 6.5점 이상이 나올 것이라고 생각했지만, 리스닝에서 5.5점을 받으면서 결국 총평균 6점이 나왔다. 그러나 크게 신경 쓰지 않았다. 스피킹 6점, 라이팅 6.5점, 리딩 6.5점이 나왔기에 다음 시험에서 무난하게 총평균 6.5에서 7점을 획득할 것으로 낙관했다. 그래서 별다른 추가 공부 없이 다시 시험을 보았다. 시험 결과 리스닝은 6점이 나왔으나, 스피킹 점수가

5점이 나왔다. 또다시 총평균 6점이 나왔다. 조금씩 걱정이 되기 시작하여 온라인 학원 강의를 수강했다.

학원에서 알려 주는 리딩 시험 전략을 보니 기가 막혔다. 리딩 시험은 매번 시간이 부족했는데, 시험 보는 전략을 알고 나니 오히려 시간이 남았다. 역시 한국의 학원 시스템은 세계 최고였다. 학원의 리딩 시험 전략을 따라 하니, 점수가 7~8점을 오갔다. 문제는 리스닝과 스피킹 시험이었다. 잘 보았다고 생각했던 리스닝 점수가 계속 6점이 나오니 스트레스를 받기 시작했다. 아무래도 글씨가 문제인 듯하여, 필기체가 아니라 또박또박 초등학생 글씨로 답안을 작성했다. 그 결과 리스닝 점수가 7~8점이 나오기 시작했다. 라이팅은 별도의 공부를 안 한 만큼 여전히 6.5~7점이 나왔는데, 문제는 스피킹이었다. 20여 년 전 6~7점을 오가던 스피킹은 5~6점을 오가고 있었다. 영어와 멀어졌던 시간이 스피킹 시험 점수에 그대로 반영되었다. 급하게 원어민 스피킹 온라인 학원에 등록하여 노력했지만, 짧은 시간에 스피킹 점수를 늘리기에는 역부족이었다. 결국, 총평균 7점으로 시험을 마무리했다.

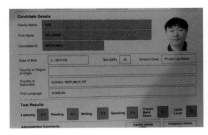
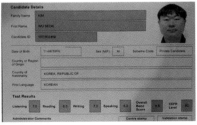

IELTS 시험은 영어 실력이 부족해도 한국의 학원 시스템을 이용한다

면 인문계 고졸 이상은 누구라도 총평균 6.5~7점을 획득할 수 있을 것이다. 특히, 리스닝은 Cambridge IELTS 교재를 반복해서 연습하면 누구나 7~8점을 받을 수 있다. 리딩은 시험 보는 전략을 꼭 학원에서 배우길 바란다. 라이팅은 템플릿으로 7점까지 가능하며, 스피킹은 영어 실력이 뒷받침되어야 한다. 다년간 IELTS 시험을 분석한 한국 학원 선생님들의 노력과 열정에 경의를 표한다.

영어 공부에 정답은 없다고 생각한다. 그렇기에 개인적인 영어 공부법을 언급하는 것이 조심스럽지만, 알 선생 같은 토종 흙수저 출신 후배들에게 도움이 되고자 몇 글자 적어 보겠다. 인생에 정답은 없다. 선택만 있을 뿐이다. 선택은 본인이 하는 것이다.

Basic

우선 시작은 영어 문법을 잡아야 한다. 케임브리지나 옥스포드의 『Grammar in Use』 책을 구입한 후 외우려 하지 말고 노트에 문장을 읽으며 적는다. 알 선생은 영국에서 어학원을 다닐 때 새벽에 일어나 어학원에 가기 전 다섯 장, 저녁에 다섯 장을 적으며 발음 연습을 했다. R과 L, F와 P 발음에 신경을 쓰고 문장을 읽으면서 노트에 문장을 적어야 한다. 책의 빈칸에는 절대 답을 적으면 안 된다. 노트에 문장을 적으며 답을 유추해 적고, 각 장이 끝날 때 답을 확인해서 틀렸다면 그 문장은 다시 한번 적어 보고 넘어간다. 이 문법책들이 좋은 이유는 일상생활에 쓰이는 문장들이 반복해서 나오기 때문이다. 똑같은 동사와 전치사들이 주기적으로 반복해서 나오기에 단어와 알맞은 전치사가 자연스레 외워지고, 문장도 자연스레 입에서 튀어나오게 되는 마법을 경험할 수 있다. 알 선생은 그래머 책을 30번 이상 반복해서 노트에 적었던 것 같다.

Speaking

가장 좋은 방법은 영어권 국가에 가서 원어민 친구를 사귀는 것이고, 차선책은 마음씨 좋은 원어민 할아버지나 할머니께서 계시는 홈스테이에 들어가 그분들의 말벗이 되어 주는 것이다. 이것도 안 되면 어학원에서 중국이나 일본 학생들과 어울려 서로 부족한 영어로 끊임없이 대화하는 것이다. 어학연수를 갈 예산이 없다면 온라인 시스템을 이용하는 것도 권장한다.

Writing

케임브리지 출판사에서 만든 『Academic Writing』이라는 책이 있다. 그 책을 구입하여 필사하는 것을 권한다. 그리고 GMAT이란 시험이 있다. GMAT 시험 중 SC란 과목이 있는데, 그 과목에 대한 강사들의 노트가 있다. 그 노트와 SC 문제집을 구하여 공부하고 필사하는 것을 강추한다. 해당 강의는 매우 비싸니 무시하기 바란다. 만약 돈과 시간이 있다면 런던대학교, SOAS의 Academic English 디플로마 과정이 있다. 이 과정은 정말 예술이다. 아카데믹 영어 라이팅에 최적화된 과정이라고 감히 말할 수 있다.

Reading

리딩은 왕도가 없는 것 같다. 뭐든 자주 읽는 것이 해법인 것 같다. IELTS 시험의 리딩 부분은 꼭 한국 강사들의 위대한 문제 풀이 방법을 배우기 바란다.

4. MBA vs MSc

알 선생이 영국에서 MBA와 MSc를 해 본 결과, 영어 늘리기는 절대적으로 MBA가 월등히 낫다. 그룹 과제와 발표, 숙제가 많으므로 계속 같은 그룹에 있는 학생들과 영어를 사용해야 한다. 단, 그룹 내에 한국 사람이 많으면 안 된다. 그룹에서 중국 학생들은 서로 중국어로 대화를 많이 한다. 의사소통이 어렵기 때문이다. 유학을 왜 왔는지 이해를 하지 못하겠다. 영어 향상이 목적이라면 영어 잘하는 학생들이 있는 곳보다는 영어를 못하는 학생들이 있는 곳이 낫다. 왜냐하면, 그룹 학생들이 영어를 잘하면 영어를 못하는 학생들의 말을 가로막는 경우가 빈번하기 때문이다. 답답하다고 생각하면서 말할 기회를 잘 주지 않는다. 영어 수준이 비슷하다면 서로를 이해해 주고, 기다려 주고, 서로 말할 기회도 준다.

MBA는 그룹 협업으로 문제 해결을 하도록 설계된 과정이다. 그 안에서 발생하는 구성원 간의 각종 문제와 갈등을 해결하면서 관리자의 역량을 발전시키도록 설계된 과정이다. 그러므로 전문적인 지식 습득이 목적이라면 MBA 과정보다는 일반 석사 과정을 진행하는 것이 낫다고 생각한다.

알 선생이 수학한 셰필드 MBA는 파트타임을 합쳐서 40~50명 정도의 학생이 과정에 참여했다. 파트타임은 대부분 영국 학생들이었다. 풀타임 학생은 40명 이하다. 중국, 대만, 영국 학생들이 많고, 다른 국가 학생들이 소수이다. 개인적인 생각으로는 셰필드 MBA는 영어 향상에 좋다. 런던에서 석사 과정을 수강할 때보다 월등히 말을 많이 해야 했기 때문이다.

셰필드 MBA는 매일 점심을 제공하고, MBA 위주로 매니지먼트 스쿨이 운영된다. 수업은 매일 오전 9시에서 오후 4시까지 있고 수업 후 그룹 모임이 있으니 일정은 빡빡하다. Assignment 점수는 비교적 관대하지만, 시험은 Fail이 많다. 런던 CASS에서 선박금융 석사를 하고 있을 때 CASS MBA 과정을 하시던 분들도 시험 Fail을 많이 하셨는데, 이곳 역시 MBA는 쉽지 않다. 특히, 중국과 대만 학생들이 Fail을 많이 한다. 셰필드 대학교는 런던대 SOAS와 마찬가지로 한국어학부가 있다. 셰필드대학교의 한국어-영어 교환 프로그램은 체계가 잘 갖추어져 있다. 여유가 많지 않은데 영어 실력을 늘릴 생각이면, 셰필드 MBA는 좋은 선택이다.

런던대의 선박금융 석사 과정은 해대 승선학과 출신들에게 매우 좋은 과정이다. 해운 경제 및 금융과 관련된 지식 습득을 할 수 있기 때문이다. 선박금융 관련 지식 습득을 영어로 하려면 Bayes를 가는 것도 좋은 방법이라 생각한다. 그러나 충분한 사전 준비가 되어 있어야 더 많은 것을 얻을 수 있다. 아는 만큼 보이고, 아는 만큼 이해할 수 있으며, 아는 만큼 가져올 수 있다. 선배들이 만들어 놓은 족보가 있어 졸업은 할 수 있겠지만, 쉽지 않은 과정이다.

런던의 그리니치대학교에는 2년제 Shipping MBA 과정이 있다. 유럽과 런던을 즐기며 2년 동안 해운 관련 공부를 할 수 있다. 해상법은 스완지와 사우샘프턴대학교가 유명하다. 플리머스, 리버풀, 뉴캐슬에도 해운 관련 좋은 과정들이 있다.

완벽한 영어 실력을 갖춘 상태에서 MBA 지식 습득이 목적이라면, 영국에서는 런던이나 옥스브리지를 선택하는 것을 추천한다. 런던에서 MBA 과정을 진행하셨던 분들은 거의 만신창이 상태로 9개월을 보내셨던 것으로 기억한다. 교수와 학생 수준은 확실히 런던과 옥스브리지가 높다. 절대 부정할 수 없는 사실이다. 셰필드 MBA의 장점은 학비가 저렴하고 MBA에서 무료 점심을 제공하며 각종 커피와 음료를 제공한다는 것이다. 또한, 도서관 시설이 아주 훌륭하다. 학생들 수준이 평이해서 편하게 어울릴 수 있다. 특히 도서관 시설은 다른 런던의 대학교들보다 훨씬 낫다. 셰필드 지역은 공부에 집중할 수 있는 환경이다. 요즘 다시 비자 연장 제도가 부활하여 영국에서 MBA를 끝내면 2년간 합법적으로 체류를 할 수 있다.

자기 계발을 위해서 유학은 분명 좋은 선택이다. 하지만 냉철히 생각해 볼 필요가 있다. 바로 돈과 시간, 그리고 기회비용이다. 흙수저는 어차피 유학을 다녀와도 착취 시스템으로 들어가야 할 것이다. 하루라도 빨리 착취 시스템에서 벗어나 본인만의 착취 시스템을 만들려면 비용 투자는 냉철하게 고민을 해 봐야 한다. 20대와 30대를 고생하고 일찍 파이어족이 될 것인가? 착취 시스템 안으로 들어가 평생 노예로 살아갈 것인가? 선택은 본인 몫이다. 2장의 행동재무학 기회비용 부분과 뒤편의 이익 공유제 부분을 참고하시기 바란다. 인생에 정답은 없고, 선택만 존재할 뿐이다. 선택이라는 것은 여러 개의 선택지 중 하나를 고르면 나머지는 포기할 수밖에 없는 행위다. 알 선생은 그렇다고 생각한다.

5. 뉴욕 NASDAQ 전광판에 나오다

인생을 살다 보면 사소한 인연이 커다란 선물을 주는 경우가 정말 많다.

2012년 초, 알 선생이 싱가포르에서 근무할 때 알고 지냈던 R에게서 갑자기 연락이 왔다. 그 당시 R은 마린머니사에 근무 중이었고, Deal of the Year에 2011년도 K 선박펀드의 실적을 제출해 보라고 권유했다. 싱가포르 D 은행으로부터 K 선박펀드에 대해 들었는데 매우 매력적인 작품들이기에 연락했다고 전했다. 2011년도를 끝으로 K 선박펀드 조성이 중단된 시기였기에 알 선생은 K사에서 만든 마지막 작품들에 대해 좋은 추억을 남기고 싶은 마음이 들었다. 더불어 상을 받게 되면 뉴욕에서 열리는 시상식에도 참석할 수 있기에 약간의 기대를 하며 R의 제안을 따르기로 했다.

2011년도에 조성한 선박펀드들은 이해 당사자가 많았다. 그들에게 모두 이메일을 보내 정보 공개 협조 요청을 했고, 선박펀드 설명에 대한 원고를 부족한 영어 실력으로 수일에 거쳐 작성했다. 2011년에 모든 프로젝트를 같이 했던 D 은행의 마타인이 적극적으로 도와주었으며, 거래 상대방 모두 정보 공개에 흔쾌히 동의해 주었다.

그렇게 Deal of the Year에 지원했고, 마타인과 R이 싱가포르에서 신경을 많이 써 주어 K 선박펀드는 2011년도 Leasing 분야의 Deal of the Year로 선정되었다. 선정된 것은 매우 기쁜 일이었다. 그러나 뉴욕 시상식에 참석할 것이라는 기대감에 흠뻑 젖어 있던 알 선생의 생각과는 달리 뉴욕 시상식 참석 대상자는 다른 사람으로 결정되었다.

성숙하지 못했던 알 선생은 자발적으로 노력해서 얻은 성과물이었음에도 다른 사람이 시상식에 참석한다는 것을 견디기 어려웠다. 누군가에게 하소연도 못 하고 속으로만 서운해했지만, 그때 배우고 다짐한 것이 있다. 나중에 리더가 된다면 반드시 개인이 고생하고 노력한 부분에 대한 보상은 철저하게 해 주겠다는 것이었다.

리더는 사람을 세우는 일에 집중해야 한다. 특히 중소 해운사는 사람이 전부다. 오퍼레이션이나 채터링 매니저들에게 철저히 성과 보상을 해 주어야 한다. 그들이 배를 좀 더 빨리 항구에 접안시키고, 양하역 작업을 빨리 끝내도록 고민하는 행위들을 리더들이 알아주어야 하고, 그에 대해 철저한 보상을 해야 한다. 이 사소한 차이가 회사를 좌우한다고 생각한다.

해운사 선후배님들이 술자리에서 푸념을 가장 많이 쏟아내고 하소연하는 내용 대부분은 그러한 개인의 노력과 희생을 리더가 너무 당연하게 받아들인다는 것이다. 리더가 갖추어야 할 덕목은 함께하는 사람을 존중하고, 세우며, 보상해 주는 것이다.

2011년을 끝으로 중단되었던 선박투자는 2015년에 재개되었고, 알 선생은 좋은 사람들을 만나 다시금 선박펀드를 조성해 나갔다. 2016년 초, 알 선생은 시장에 K 선박펀드가 살아 있음을 알리고 싶었다. 그래서 W 대리와 함께 Deal of the Year 신청서를 작성해 마린머니에 제출했으나 선정되지 못했다.

그래도 포기하지 않고 2017년 초에 다시 도전했다. 현명하고 일을 잘하는 W 대리와 S 대리에게 Deal of the Year 신청 자료를 부탁했다. 원래부터 일을 잘해서 '역시 ○○출신은 뛰어나구나.'라고 생각했지만, 정말 훌륭한 지원서가 만들어졌다. 2016년에는 떨어졌지만, 이번에는 왠지 상을 받을 것 같았다. 지원서를 제출하고 마린머니 측 담당자에게 잘 부탁한다고 연락을 했지만, 반응은 매우 사무적이었다. 발표 시기가 지났는데도 아무런 연락이 없어서 '이번에도 떨어졌구나.'라는 생각이 들었다.

포기한 채 잊고 지내던 어느 날, 출근 후 이메일을 보니 편집자 상에 K 선박펀드가 지명되었다는 소식이 있었다. 정말 감사했다. 다양한 선박펀드 구조와 법정관리에 들어간 해운사에도 과감하게 선박금융을 지원한 내용이 편집자들에게 어필되었다고 한다. 이번에는 뉴욕에 가는 것을 기대하지 않았다. Deal of the Year에 지명되었다는 사실 자체만으로 행복했다. 이 사실을 팀장님과 부장님께 보고드렸다.

지금은 부장님이 되신 그 당시 C 팀장님은 지원서를 작성하느라 고생한 사람들끼리 뉴욕 시상식에 참석할 대상을 알아서 선정하라고 하셨다. 내가 팀장이라면 내가 간다고 했을 텐데, 팀원을 생각하는 C 팀장님께서는 내 생각과 다르게 팀원들을 먼저 배려해 주셨다.

알 선생은 2년 연속 지원서를 작성하느라 고생한 W 대리를 뉴욕에 보내고 싶었다. 그런데 W 대리는 끝까지 알 선생에게 뉴욕행을 양보했다. W 대리는 업무 능력만 출중한 게 아니라 모든 면이 훌륭한 인재다. 이런 인재와 같이 근무한다는 것은 인생에 다시 없을 큰 축복이다.

C 처장님, C 팀장님의 배려와 W 대리의 양보로 알 선생이 뉴욕에 가게 되었고, 알 선생은 급하게 미국 입국 준비를 해서 뉴욕으로 향했다. 뉴욕에 가기 전 마린머니 측에서 계속해서 이메일로 마린머니 창립 30주년 기념으로 뉴욕 나스닥 스튜디오에서 시상자 기념 영상을 촬영한다고 알려 왔지만, 그게 무슨 의미인지 행사 당일까지 전혀 이해하지 못했다.

뉴욕에 도착해서 마린머니 측과 미팅을 하고 간단한 사진 촬영을 한 후에 나스닥 스튜디오로 가서 영상을 촬영했다. 나스닥 스튜디오에서는 시상자들에 대한 영상을 촬영했다. 그제야 마린머니 측에서 촬영에 대해 거듭 강조하며 공지한 이유를 알게 되었다. 바로, 뉴욕 나스닥 전광판에 시상자들에 대한 사진이 공개되기 때문이었다. K사의 로고와 알 선생의 얼굴이 뉴욕 나스닥 전광판에 공개되었으며, 계속해서 다른 시상자들의 얼굴 그리고 그들의 회사 로고들이 순환되며 수차례 나스닥 전광판에 전시되었다. 그것은 매우 감격스럽고 영광스러운 일이었다.

만약 2012년 시상식에 참석했었다면, 이런 영광스럽고 인생에 일어나기 어려운 일을 경험하기는 어려웠을 것이다. 참으로 '인생지사 새옹지마'였다. 2017년 뉴욕 시상식에 보내 주신 CSS 처장님, CKH 부장님과 WYB 회계사, SNY 과장 네 분께 이 지면을 빌려 진심으로 감사드린다. 특히 알 선생을 사수라 부르며 많은 도움을 준 WYB 회계사에게 진심으로 고마움을 전하며, 원하는 Top School MBA에 꼭 입학하길 기원한다.

6.   세대 차이, 그리고 인사 담당자

초등학교, 중학교, 고등학교, 대학교, 군대 그리고 사회생활까지 우리는 많은 사람을 만나며 살아간다. 사람들로 인해 행복하기도 하고 힘들기도 하며 괴로울 때도 있다. 살아 보니 사람마다 교양, 수준, 생각, 가치관이 다른데 아마도 이 차이의 상당 부분은 부모를 비롯해 자라온 환경에서 왔을 것이다.

학창 시절에는 이해할 수 없는 아이들이 많았다. 힘없는 약자를 괴롭히고 친구를 함부로 때리는 녀석들이 있었다. 분노를 조절하지 못하는 아이들도 있었다. 공부를 잘하고 착했지만 체구가 왜소해 앞자리에 앉던 친구는 뒷자리에 앉은 패거리의 괴롭힘을 못 이겨 말도 안 될 정도로 성적이 떨어졌고 학교생활도 힘들어했다.

학생만 문제는 아니었다. 선생들도 폭력에 익숙했다. 시험을 잘 못 봐도 때리고 머리카락이 길어도 때렸다. 수업 분위기가 좋지 않아도 학생들을 때렸다. 우리는 어느새 맞는 것에 익숙해져 갔다. 알 선생은 고등학교 때 친한 친구들과 주말에 농구를 한다고 해서 불법 서클 조장으로 몰려 선생 같지도 않은 선생에게 한 시간 동안 맞은 적이 있었다. 그 선생은 후에 면학 분위기를 잘 조성하며 서울대 입학생을 많이 배출했다고 교장이 되었고 교육감 선거에도 출마했다.

대학교라고 해서 다를 것은 없었다. 기합과 구타가 일상이었고, 졸업하려면 이런 부조리를 견뎌내야 했다. 군대도 마찬가지였다. 선배 장교에게 수도 없이 구타를 당했다. 함장에게 결재를 받으러 들어간 선배 장교가 혼나고 나오면 그 옆에서 당직을 서던 후배 장교들이 정강이를 차이거나 주먹으로 가슴을 맞기도 했다. 심하면 뺨을 맞는 일도 있었다. 몇 년 전 우연히 TV에서 그 선배 장교를 보게 되었는데, 연금을 받는 영관급 장교가 되어 있었다.

사회에 나오면 조금 다를까 싶었지만 내 기대는 여지없이 무너졌다. 물리적 폭력은 없어졌지만, 언어폭력은 존재했다. 술자리에서는 주사를 빙자해 물리적 폭력을 행사하는 사람도 있었다.

우리 세대는 이런 시대를 살아왔다. 그런 '꼰대'들이 90년대생 청년들과 문제없이 직장 생활을 잘할 수 있을지 의문이 든다. 블라인드 앱에는 많은 글이 올라온다. 다 예상할 만한 내용이었다. 하지만 회사 수준에 따라 사람의 수준도 다르다는 것이 좋았다. 근무하는 직원의 교양이나 사내 문화도 엄청난 차이를 보였다. 알 선생이 다녔던 한 회사는 매일 고성이 오갔고 가끔은 폭력도 발생했다. 하지만 외국계 은행에 근무할 때는 정반대의 분위기를 느꼈다. 분명 큰 차이가 있었다. 어떤 조직은 폭력과 폭언이 일상이었고, 어떤 조직은 가벼운 농담도 큰 문제가 될 수 있어 조심해야 했다.

본인의 수준과 교양, 문화에 맞지 않는 조직에 속하게 되면 인생이 쉽게 망가질 수도 있고 심하면 죽음을 선택하기도 한다. 그렇기에 자신이 처한 상황이나 환경이 힘들거나 벅차면 빨리 벗어나는 것이 해결책이 되기도 한다. 살다 보면 자신의 능력 부족 때문일 수도 있고 혹은 다른 이유로 어쩔 수 없이 본인의 수준에 맞지 않는 사람들이 많은 곳에서 생활해야 할 때도 있을 것이다. 이 경우 삶 전반이 엉망진창이 될 가능성도 크다.

세대가 다르고 시대정신이 다른 사람들이 오고 있다. 선박관리 회사의 인사 담당자는 이런 부분을 조금 더 고민하고 신경을 써서 선원 인사를 관리해야 할 것이다. 좋은 사람과 승선한다면 후배들이 선상에서의 생활을 혐오하며 배를 떠나지는 않으리라고 조심스레 예상해 본다. 결국, 답은 사람인 것이다.

7. 이해와 관용

요즘은 서울에서 한평생 살다가 귀촌한 사람들의 인생이 망가지는 경우가 많다고 한다. 남에게 피해를 주지도, 피해를 받지도 않고 살아왔는데 시골의 오지랖은 그것을 용납하지 않기 때문이다. 문제는 서로를 이해하지 못하고 욕만 할 뿐, 본인이 잘못한 것이 무엇인지는 모른다는 점이다.

알 선생도 지방에서 살다가 상경했을 때 이해가 되지 않는 부분들이 많았다. 하지만 서울에서 10여 년 살다가 지방으로 이사하니 이번에도 이해되지 않는 것들이 많다. 특히 자녀와 관련된 일은 서울과 지방 간의 차이가 큰 것 같다. 옳고 그름이 아니라 다름을 의미하는 것이다. 문화와 생각, 가치관에서 큰 차이가 났다.

영국에서 공부할 때에는 중국 학생들의 에티켓이 굉장히 거슬렸다. 공공장소, 특히 버스 안에서 너무 큰 목소리로 통화를 해서 같은 아시아인이라는 것이 부끄러웠다. 영국 사람들이 신호등을 지키지 않고 오가는 것도 보기 싫었다. 아시아 학생들은 영국 음식이 형편없고 맛이 없다고 난리를 쳤고, 영국 학생들은 자기 나라의 음식이 맛있다고 반박했다.

25년 전 고향을 떠나 타지역에서 학교를 다닐 때 알 선생은 그 지역 음식에 크게 실망했는데, 그 음식이 대한민국에서 제일 맛있다고 말하는 사람들도 있었다. 영국에서 MBA를 공부할 당시에는 홍콩에서 민주화 시위가 있었다. 중국 학생들은 홍콩 시민을 욕하고 비난했으며, 대만 학생들은 진압 경찰과 중국 정부를 욕했다. 느끼고 배운 것이 참 많았다. 옳고 그름의 문제가 아니라 다름의 문제였다.

가진 것이 무엇인지에 따라 세상을 바라보는 눈이 달라지고, 여유가 있는지에 따라 언행이 달라진다는 것을 언제부터인가 자연스럽게 느끼고 있었다. 인간은 자신과 다른 것에 배타적인 경향이 있다. 출신, 학교, 종교, 정치색 등 서로 다름을 인정해야 하는데, 성숙하지 못한 사람일수록 다른 생각과 가치관에 배타적인 입장을 갖는다.

어떤 사람은 부모를 잘 만나 여유가 있고, 누군가는 그렇지 못해 삶의 여유가 없을 수 있다. 이들의 생각이나 가치관도 분명 다를 것이며 상대의 처지나 가치관, 행동 등이 이해되지 않을 수 있다. 서로를 존중하고 다름을 인정하며 이해해야 하지만 실상은 그렇지 못하다. 회사에서 다른 직원의 머리 모양이나 복장, 언행 등을 지적하기도 하며 특정 정당이나 정치인을 맹렬히 비난하기도 한다. 선배, 동료, 후배의 뒷말을 하는 경우도 많은데, 요즘은 블라인드 앱이 있기에 더 경우가 심하다. 인간이니 어쩔 수 없으리라 생각은 한다.

알 선생도 시궁창 같은 인생을 살았지만 운 좋게 벗어날 수 있었다. 시궁창을 벗어나는 것이 얼마나 어려운지 알기에 여유롭게 자란 사람들이 함부로 말하는 것을 듣고 속으로 욕을 한 적이 있다. 좋은 부모에게서 태어나 좋은 환경에서 자란 사람들은 가난하고 힘들게 사는 사람들을 쉽게 비난한다. 게을러서, 공부를 안 해서 가난하게 산다고 하며 열심히 노력해서 가난에서 벗어나야 한다고 한다. 하지만 그런 처지인 사람들은 공부하고 싶어도 할 수 없는 여건에 놓였을 수도 있으며, 돈을 모으고 싶지만 그러지 못할 수도 있다. 그리고 이들의 상황은 그리 단순하지 않을 수 있다. 좋은 환경에서 태어나고 자란 이들은 각종 좋지 못한 상황과 환경을 쉽게 이해할 수 없을 것이다.

우리는 타인을 이해하고 관용하는 자세를 배워야 한다. 역사적으로도 관용이 존재하는 나라는 부흥했고 관용이 사라진 나라는 망했다. 강대국이더라도 다른 문화와 종교, 인종에 배타적으로 대하는 경우는 쇠퇴하거나 멸망했다. 포르투갈과 스페인이 번성할 당시에는 관용과 다양성이 존재했고, 타 종교와 문화에 개방적이었다. 하지만 통제와 획일성을 강조하자 무너지기 시작했다. 조직 역시 마찬가지다. 순혈주의와 엘리트주의가 만연한 조직의 미래는 뻔할 수밖에 없다.

You stop explaining yourself when you realize people only understand from their level of perception!

8. 승선 vs 육상 취업

해양대학교 재학 시절 선배들로부터 세뇌에 가까울 만큼 많이 들은 이야기가 있다. "능력 없는 해양대생만 계속 승선한다", "배 안에는 인생의 패배자들만 가득하다", "장기 승선은 미친 짓이다", "돈은 육상에 있다." 와 같은 부정적인 이야기들이었다. 그러다 보니 장기 승선의 부정적인 측면에 관한 선입견만 품고 졸업하게 되었다.

하지만 졸업 후 사회생활을 해 보니 실제로 가장 여유롭게 사는 동기나 선후배들은 모두 장기 승선을 하고 있었다. 알 선생은 항해과 A반 소속이었는데, 지금 제일 잘났고 다른 학우들이 부러워하는 동기는 선장을 오래 하고 도선사가 된 친구들이었다. 육지에서 회사에 다닌다면 돈을 많이 모으기가 쉽지 않다. 연 천만 원을 저축하기도 어렵다. 품위 유지비, 경조사비, 오피스텔 월세를 비롯한 관리비 등 각종 의식주 관련 비용을 제외하면 꽤 아끼고 노력해야 겨우 천만 원을 모을 수 있다. 알 선생도 유학을 다녀온 후 취직을 하여 회사 생활을 해 보니 새벽까지 정신없이 일해야 했고, 부족한 업무 지식과 밀린 업무 때문에 주말에도 여유가 없었다. 승선 생활보다 그다지 나을 것이 없었다. 선배들이 절대 타면 안 된다던 상선은 시간 지나면 통장에 돈이라도 쌓이지만, 육상 생활은 돈도 계속해서 빠져나갔다. 육상과 해상 간 월급이나 연봉에 차이는 거의 없었지만, 육상 생활은 끊임없이 누군가에게 돈이 흘러가는 구조이다.

게다가 육상 생활을 하다 보면 40대 중반 즈음 퇴직을 걱정해야 하며, 30대 중후반부터는 재취업도 쉽지 않다. 20년을 열심히 일해도 모을 수 있는 자금은 2~3억 원 정도에 불과한데, 선장이나 기관장으로 근무하면 홀몸일 경우 2~3년 안에 그 정도 금액을 저축할 수 있다. 육상 생활의 또 다른 단점은 계속 직장 상사의 눈치를 봐야 하고 거기서 비롯한 스트레스를 견뎌야 한다는 점이다. 하지만 승선하면 5년 이내에 1항 기사가 되며 연 5,000만 원에서 많게는 1억 원까지 저축할 수 있다. 일반 회사에 다닌다면 꿈도 꾸지 못할 일이다. 월급이 많아서가 아니라 돈을 쓸 곳과 쓸 시간이 없어서 돈이 모인다. 승선 후 2~3개월 정도 휴가를 받는데 혼자 또는 가족과 함께 계획을 세워 유럽 일주나 크루즈 여행 등을 떠날 수도 있다. 스톡홀름에서 일본 노부부가 서로 의지하며 힘들게 여행하는 모습을 보았다. 알 선생이 항상 꿈꾸던 은퇴 후의 모습이었으나 보기가 좋지 않았다. 유럽 여행도 체력이 있을 때 해야 한다. 회사에 다니며 아이들과 한 달 이상 유럽 여행을 갈 수 있을까? 일반 육상 회사에 다니면 꿈도 못 꿀 내용이다. 그러나 해기사와 파이어족은 가능하다.

그리고 상대적으로 '내 집 마련'이라는 부담에서 자유롭다. 지방의 아파트 가격은 여전히 저렴한 편이어서 승선한다면 금방 내 집을 마련할 수 있다. 그리고 자녀 교육을 위해 영어권이나 중국어권으로 주거지를 옮기기도 좋다. 휴가를 받으면 자녀가 있는 곳으로 휴가를 떠나면 된다. 실제로 많은 선후배의 가족이 캐나다나 호주, 뉴질랜드에 거주하며 자녀를 교육하고 있으며, 가장은 휴가 때 가족이 있는 곳으로 향한다.

또한, 승선 생활을 한다면 단기간에 사회적 계층^{Hierarchy}의 최정점을 찍을 수 있다. 30대 초반에 선장이나 기관장이 될 수 있기에 직장 상사로부터 받는 스트레스에서 비교적 자유롭다. 육상에서 사원으로 시작하여 대리, 과장, 차장, 부장들이 주는 괴롭힘과 스트레스를 20여 년간 극복하고 부장의 자리에 가도 부장 위에는 아직 이사, 상무, 전무, 부사장, 사장이 있다. 끊임없이 자신을 다스리고 도를 닦아야 한다. 직장의 안정성 측면에서도 육상보다 낫다. 회사의 경영이 어려워 폐업하더라도 다른 회사에서 다시 승선하면 되고 해외 취업도 가능하다. 그리고 본인의 의지나 선택과 무관하게 타고난, 고통스럽고 괴로운 천륜과 인륜도 의지만 있다면 어느 정도 끊어낼 수 있다.

이런 장점은 알 선생만 느끼는 것이 아니다. 육상에서 답이 나오지 않는 직장 생활을 하다가 40대에 접어든 해양대학교 출신이라면 누구나 공감하는 내용이다. 알 선생의 친동생도 특전사 장교로 복무 후 영국에서 유학을 마치고 해운 대기업에 다녔다. 그러나 그 회사가 폐업하자 육상 근무에는 장래성이 없다고 판단했는지 미련 없이 연수원에 들어가 항해사가 되었다. 육상에서 10여 년간 회사 생활로 고생하며 모은 돈을 승선 후 2년도 안 되는 시점에 모았다며 매우 허탈해했다. 알 선생이 진심으로 존경하던 JTS 선배는 승승장구하던 업계 최고의 해운 전문가였는데, 어렵게 쌓은 전문성을 단호히 버리고 주니어 사관부터 다시 시작해지금은 유조선 선장으로 근무하고 있다.

해기사 후배들을 보면 병역특례 기간에 돈을 부지런히 모아 유학을 가거나 고시원에서 공부하며 본인에게 재투자한다. 그 후 취직에 성공하여 30대 중반까지 열심히 돈을 모으지만 1억을 모으기도 쉽지 않다. 30대 중반에 선장, 기관장으로 10억을 가지고 있는 사람과 대기업에서 과장으로 1억을 가진 사람을 비교해 보면 어떤 생각이 드는가? 자본주의 사회인 우리나라에서 누가 더 안정적인지 생각해 볼 내용이다. 다시 말하지만, 옳다 그르다를 말하는 것이 아니다. 막연히 육상에서 회사를 다니면 배우자가 생기고 재테크로 큰돈을 벌 것 같은가? 육상에서 재테크로 돈을 모을 사람이면 승선해도 재테크로 돈을 더 잘 모을 것이다. 알 선생도 속으로 '나는 남들과 다를 것이다.'라는 생각으로 시작했지만, 시간이 지나면서 알게 되었다. '나도 남들과 별반 다르지 않다'는 사실을 말이다.

사원부터 대리, 과장, 차장, 부장이 될 때까지 상사의 눈치를 보고 스트레스를 받을 것인가? 40세가 넘어서 실직을 걱정하며 중고 쏘나타를 탈 것인가? 아니면 선장이나 기관장이 되어 벤츠를 몰며 40대에는 파이어족이 될 것인가? 선택에 따라 인생은 바뀔 수 있다. 옳고 그름을 따지려는 것이 아니라, 다름을 말하려는 것이다. 인생에 정답은 없지만 매 순간이 선택이다. 밑바닥 흙수저 출신이라도 승선 업무를 하면 최소 중산층 이상으로 진입할 수 있다고 알 선생은 생각한다. 남들과 다르게 살고 싶다면 남들과 다른 선택을 해야 한다.

Be patient sometimes you have to go through the worst to get the best!

알 선생은 책을 매우 좋아하며 그 중요성도 잘 알고 있다. 70년대 후반, 알 선생의 부모님은 수천만 원의 빚(당시 서울 30평대 아파트 가격이 2,000만 원)을 지고 있었고, 우리 가족은 하루하루 살아 내는 것만도 버거웠다. 셋째 큰아버지 말씀에 따르면 고모부와 함께 운영했던 삼학소주 대리점(삼학소주는 정치적 이슈에 휘말려 파산했다.)이 잘못된 것이 아버지가 망가진 계기였다고 한다. 감당하기 어려운 채무로 부모님께서는 자식 교육은 물론 생계도 잘 신경 쓰지 못하셨다. 알 선생은 밥을 굶기 일쑤였고, 영양 부족으로 병에도 자주 걸려 1년에 1/3 이상을 흙으로 만든 움집에서 누워 지냈다.

알 선생은 요즘도 가끔 살아 있는 것 자체가 기적이라고 생각할 때가 있다. 삶을 포기하신 아버지와는 달리 알 선생의 어머니는 어떻게든 살기 위해 자식들과 떨어진 타지에서 돈을 버셨다. 몇 년에 한 번 어머니를 뵈러 가면 맛있는 음식과 옷을 사 주셨고 용돈도 조금 주곤 하셨다. 이유는 기억나지 않지만, 알 선생은 그 돈으로 만화책『보물섬』을 한 권 사서 집으로 돌아왔다. 그 만화책을 몇 번이고 읽었고, 모르는 글자는 학교에 다니는 동네 형이나 누나들에게 물어보았다. 알 선생의 한글 선생님은 만화책『보물섬』이었다.

고등학교 시절 언어영역 시험은 벽이었다. 60문항 중 40문항을 풀고 있을 때쯤 주어진 시간이 끝나곤 했다. 많은 문제를 풀며 해결책을 찾았지만, 시간은 여전히 모자랐다. 그러던 중 반에서 1~3등을 하는 아이들

모두 쉬는 시간에 무협지를 읽는 장면이 떠올랐다. 그 기억에 지푸라기라도 잡는 심정으로 고3 때부터 무협지를 읽기 시작했다. 하늘이 도왔는지 내가 선택한 책은 김용의 『의천도룡기』와 『소호강호』였다. 책을 손에서 놓을 수 없었고 잠도 자지 못했다. 책장을 넘기면 인식하지도 못하는 사이 내용이 머리에 들어와 박혔다.

효과는 놀라웠다. 몇 개월 만에 언어영역 시험을 볼 때 시간이 남기 시작했다. 60점 만점의 수능 언어영역 시험에서 58점을 획득했다. 김용 작가는 신이었다. 더욱 놀라웠던 것은 김용의 작품을 한국어로 번역한 역자의 필력과 표현력이었다. 어떻게 그처럼 생생하고 세밀하게 표현하는지 감탄이 절로 나왔다.

시간이 지나면서 알 선생은 책을 맹신하게 되었고, 인생에 문제가 생기거나 삶이 고단할 때마다 책에서 답을 구하려 했다. 이미 형성된 성격, 기질, 가치관, 언행 등은 바꾸기가 매우 어려운데 그렇기에 끊임없이 똑같은 문제와 괴로운 상황이 반복된다. 남 탓과 신세 한탄은 많이들 하지만 그 원인이 본인에게 존재한다는 것은 쉽게 인지하지 못한다. 하지만 책을 통해서는 본인의 문제점, 다른 사람들과의 차이를 배울 수 있다. 최소한 이 두 가지는 알아야 인생이 조금이라도 바뀐다.

K사에서 퇴사하기 전, 성과 보상에 관한 알 선생의 불만을 알고 계셨던 LHS 팀장님께서 윗선에 연봉 인상과 정당한 인센티브 지급 등을 요청했다. 하지만 펀드를 구성하는 인적 자원은 시장에 널려 있기에 언제든 쉽게 사람을 구할 수 있다는 대답을 들었다고 한다. 그 이야기를 듣고 많이

고민했다. 회사에서 사장과 임원이 왜 존재하는지 알 수 없었지만, 피라미드 구조인 조직에서 우월적 지위를 가진 사람들이 그렇게 생각한다면 알 선생이 택할 수 있는 유일한 방법은 퇴사였다.

K사의 기존 직원들은 계속해서 회사를 떠났고 그 덕분에 2호, 3호 회사가 설립되었다. 한 신문사에서는 이 회사의 잦은 이직 문제를 기사화하기도 했다. 기득권이 만들어 놓은 시스템에서 착취를 당하던 알 선생에게도 선택의 시간이 돌아왔다. 회사를 옮긴다는 행위 자체가 많은 고민과 번뇌를 하게 만들며, 불확실한 미래에서 오는 스트레스도 참아야 하는 괴로운 과정이다. S사에서 K사로 이직하기 전에도 많은 생각과 고민 끝에 결정했고 이직 관련 서적도 몇 권씩 읽었다. 이번에도 마찬가지였고 퇴근길에 회사 지하에 있는 교보문고에서 관련 서적을 서너 권 사서 읽었다. 고민과 독서는 알 선생이 한 단계 더 성숙하는 데에 큰 도움이 되었다. 힘들거나 고민이 있을 때는 독서를 권한다. 분명 지금보다 성장하는 데에 많은 도움이 될 것이다.

K사에서 보낸 시간은 알 선생의 직장 생활 중 가장 행복한 시간이었고, 가장 발전하며 성장할 수 있었던 시간이기도 했다. 거의 회사에서 살다시피 하며 미친 듯이 일하고 공부했다. LHS 팀장님이 너무 좋은 분이어서 회사 내에서 인간관계도 큰 문제가 없었지만, 딱 한 가지 문제가 있다면 고생에 대한 보상·급부였다. 이후 여러 회사로 이직했지만, K사는 여전히 좋은 기억으로 남아 있다. 팀장님을 비롯한 좋은 사람들 그리고 알 선생의 작품들을 이 세상에 내놓을 수 있었던 회사였기 때문이다.

인생은 선택의 연속이라고 말한다. 선택이란 하나를 택하면서 나머지를 포기하는 것이다. 나는 과거에 이직한 결정들이 매우 잘한 것이었으며 최선이었다고 생각한다. 성장과 발전을 위한 이직이었고, 착취의 늪에 빠져 비참한 노예가 되기 전에 잘 벗어났다고 평가하고 싶다.

이직하면서 알 선생을 괴롭히고 지배했던 것은 타인의 시선과 평가였다. 잦은 이직으로 인해 사회생활 부적응자라는 평가를 듣는 것이 두려웠고 신경 쓰였다. 실제로 그런 말을 듣기도 했다. 특히 한 직장에서 오래 근무한 사람일수록 나와 같은 잦은 이직을 좋지 않게 보는 경향이 있었다. 알 선생의 친한 선배나 주변 어른들은 갈 곳 없이 무능한 사람들이 이직하지 못하는 것이라며 위로해 주셨지만, 이직이 잦았던 이력서는 내 눈에 거슬릴 수밖에 없었다. 10년 이상 A사에서 근무하고 나니 이제 알 선생의 마음도 한결 가벼워졌다. 타인의 시선을 의식하지 않는 강한 마음을 간절히 원하지만, 아직도 그 방법은 알지 못한다. 다만 시간이 흐르고 보니 타인의 시선이나 평가에 신경 쓸 필요가 없음은 알 것 같다. 인생은 생각보다 짧고, 시간은 빠르게 흐르며, 남은 남일 뿐이다.

우리 회사에 들어오고 싶은 사람은 시장에 차고 넘친다. 이 말을 들으면 어떤 생각을 하게 될까? 그리고 어떤 행동을 해야 할까? 어려운 세상이다.

You must find the courage to leave the table if respect is no longer being served. 뒤돌아보니 알 선생은 생계 걱정 때문에 현재 상황을 포기하지 못하고 새로운 선택을 하지 못했던 경우가 몇 번 있었다. 세월이 흐르고 보

니 가진 것을 포기하고 새로운 선택을 했었다면 더 좋은 상황을 맞이할 수도 있었겠다는 생각이 든다. 용기를 가져 보는 것도 좋다고 생각한다.

Some of us matured early because life showed us the worst side of the world at an early stage!!

10. 회사 생활과 인간관계

회사 생활을 하다 보면 본인의 성격과 대인관계 역량 등을 심각하게 고민하는 경우가 많다. 이런 고민을 할 수 있다면 그리 나쁜 사람은 아닐 것이니 멘탈 강화에 힘쓰고 걱정 없이 즐겁게 회사 생활을 하면 좋겠다. 인간은 생각하는 동물이고 다른 사람보다는 본인을 중요시하는 이기적인 동물이다. 주위 사람들은 당신보다 똑똑하고, 잔머리를 굴리며, 많이 고민하고, 본인을 중심으로 사고한다. 여러 직장을 다니고 조직 생활을 해 보니, 성숙한 성인을 만나기 쉽지 않다는 것을 깨달았다. 나보다 성숙한 사람, 덜 성숙한 사람, 그리고 시쳇말로 막장 쓰레기인 사람들이 있다. 성숙한 사람을 만나 회사 생활을 하면 좋겠지만 그럴 운이 찾아올 확률은 매우 낮다.

알 선생이 겪어 보니 아랫사람도 중요하지만 일단 신입 시절에는 어떤 윗사람을 만나는지가 매우 중요했다. 특히, 어느 정도 역량과 능력을 갖췄다는 생각이 든다면 승진과 연봉, 역량 강화 등의 문제는 어떤 윗사람을 만나는지에 크게 좌우된다. 인격적으로 성숙한 팀장은 팀원에게 칭찬과 용기를 주며, 항상 주위에 좋은 사원을 만나 자신은 숟가락만 얹었다고 이야기한다. 실제 연봉 협상 때에도 본인보다는 아래 직원을 챙겨 달라고 말하는 사람도 있다.

하지만 이 정도로 성숙한 사람을 만나기는 쉽지 않다. 그리고 사원이나 대리 시절에 성숙한 상사를 만나게 되면 이후의 조직 생활이 힘들 수 있다. 회사에서의 생활과 구조적인 문제점 등을 늦게 파악하여 적응이 어려울 수 있으며, 처세 능력을 기를 시간을 놓칠 수도 있다.

성숙하지 못한 상사는 자신의 부하 직원이 뛰어나고 일은 잘하지만 처세에 서투를 경우, 애송이가 잘난 체한다며 싫어하거나 다른 직원으로 바꾸려고 하기도 한다. 바꿀 방법이 마땅치 않다면 어쩔 수 없이 데리고 있기는 하지만, 승진이나 연봉 인상과 같은 부분에 적극적으로 신경 써 주지는 않는다. 결국, 부하 직원 본인이 자신을 낮추고 미성숙한 윗사람을 잘 모시며 잘 처세해야 한다. 그러나 문제는 그렇게 성숙한 사람이 되기 쉽지 않다는 것이다. 미성숙한 사람들이 상사와 부하 직원 관계로 만나기에 회사 생활과 인생은 어려울 수밖에 없다. 그리고 만약 성숙한 사람을 상사로 만났다면 진심으로 감사해야 한다. *Don't focus on who let you down, appreciate the ones who lifted you up!*

조직 생활은 피라미드 구조이기에 위로 올라갈수록 똑똑하지만 자기중심적이고 이기적이며 내면이 욕심으로 가득 찬 사람이 많다. 물론 인격적으로 성숙한 사람들이 피라미드 상단으로 올라가는 경우도 간혹 있다. 이런 조직은 매우 건강하고 이상적이라고 할 수 있다. 하지만 과거 경험을 짚어 보면, 일반적으로 선하고 독하지 못하고 욕심이 별로 없는 사람들이 피라미드의 상단으로 올라가는 경우는 거의 없었다.

일하지 않거나 일머리가 없고, 성격이 나쁘거나 인격적으로 문제가 많은 사람도 회사를 잘 다니고 정년까지 버틴 뒤 조직을 떠난다. 그렇기에 조직 생활을 하면서 인간관계를 너무 심각하게 받아들이지 않았으면 좋겠다. 사람이기에 별수 없이 스트레스를 받고 고민하겠지만, 당신보다 심각하고 많은 문제를 겪는 사람도 많으니 너무 신경 쓰지 말고 조직 생활을 잘 헤쳐 나가기를 기원한다.

회사 내부나 거래처 사람들을 만나다 보면 여리고 착한 심성을 가진 사람들이 조직 생활을 못 견디고 퇴사하는 경우를 많이 봤다. 정작 떠나야 할 사람들은 정년까지 잘 버티는데, 착하고 여린 사람들이 자발적으로 회사를 그만둬야만 하는 것이 너무 안타까웠다. 당신이 조직 내에서 인간관계를 고민하며 스트레스를 받고 더 나아지기 위해 관련 서적을 찾아 읽는 사람이라면 분명 생각보다 괜찮은 사람일 것이니 힘내기 바란다.

알 선생은 사람들 때문에 스트레스를 받으면 인간관계나 동서양 철학에 관한 책을 많이 읽었다. 책을 읽을 때마다 내용이 머리로 이해는 되지만 실천으로 옮기는 것은 어려웠다. 반복해서 많은 책을 읽지만 성숙한 어른이 되기는 정말 쉽지 않다. 동양 철학서를 보면 성인의 최고 경지는 적을 만들지 않고 남에게 욕먹지 않고 사는 것이다. 그것이 가능할까? 그래서 동양 철학서를 읽고 나면 숨이 턱턱 막히고 스트레스를 더 받는다.

독서를 통해 삶의 해법을 찾고 마음의 평안을 찾고자 했지만, 동양 철학을 이해하기에 알 선생이 아직은 어린 것 같다. 주위를 둘러보면 사람들에게 좋은 말만 하는 사람들이 있다. 그런 사람과 거리감을 좁히거나 속 깊은 이야기를 나누기가 쉽지 않다. 진심으로 상대방을 대하는지 의심이 들기 때문이다. 알 선생은 아직 아래 문구가 와닿는다. 성숙하지 못하기 때문인 것 같다.

If everyone likes you, you have a serious problem.
There is only one way to avoid criticism; Do nothing, say nothing and be nothing.

가끔 똥 묻은 개가 겨 묻은 개를 나무라는 경우가 있다. 인성이나 성격적 문제가 더 많은 사람이 그보다 나은 사람을 지적하는 것이다. 그런 경우 많이 화가 나겠지만 어쩔 수 없다. 수준 낮은 사람과 싸워 봤자 이전투구 하는 격이다. 무시하는 것이 최선이다. 성숙한 사람은 절대 상대방의 인성과 성격을 지적하지 않는다. 시간은 흐르고 헤어지는 날은 생각보다 빨리 오니, 그런 사람이 정년퇴직하는 그 날까지 잘 참고 견디기를 바란다. 이 말을 명심하자. "이 또한 지나가리라." 단, 폭력적이고 심한 주사를 가졌다든지 인성에 큰 문제가 있는 사람들은 빨리 피해야 한다. 해운 업계에도 유명한 사람들이 몇 있는데 여전히 회사를 잘 다니고 있다.

이 글은 조직에서 출세하고 성공하는 방법에 관한 것이 아니다. 오히려 조직 내에서 인간관계 때문에 고민하는 분들에게 알 선생처럼 크게 고민하지 않는 사람도 잘 버티고 있다고 말해 주고 싶은 것이다. 알 선생의 조직 생활, 인간관계 점수는 거의 바닥이라고 해도 무관하다. 조직 생활 얘기가 나와서 그런지 재미있는 경험 하나가 생각난다.

땅을 파서 먹고사는 회사, B사가 있다. 한 달에 파나막스 40여 척이 들어오는 Steaming Coal 광산을 소유하고 운영하는 회사다. 당시 알 선생은 이 회사의 해운팀을 크게 키우고 싶었다. 회사 전체의 규모는 어마어마했지만 해운팀 인력은 팀장을 포함해 3명에 불과했다. 배도 사고 용선도 해 보고 싶다는 큰 포부를 갖고 입사해 미친 듯 일했다.

팀장님은 해양대학교를 졸업하신 선배였는데 승선 경험이 없으셨고 영어 회화에 능숙하지 못했다. 그래서 외국 선사와 정산해야 할 Dem/Des가 몇 년 동안 밀려 있었다. 알 선생은 빠르게 밀린 업무를 처리했다. 답답한 사람이긴 했지만, 알 선생과의 관계에는 큰 문제가 없었다.

하지만 광산 견학 때 문제가 터졌다. 인도네시아의 광산을 견학하고 돌아오면 보고서를 작성해야 한다. 광산은 수심이 낮은 곳에 있어서 바지선에 석탄을 실은 뒤 앵커리지까지 가서 선박에 옮겨야 했다. 승선 경험이 있던 알 선생은 아무 생각 없이 선적 앵커리지의 개선점을 보고서에 담았다. 케이프사이즈 선박의 앵커리지와 같은 위치에 있는 핸드사이즈 선박의 앵커리지를 앞쪽으로 옮긴다면 석탄 바지선의 회전율을 높일 수 있다는 의견이었다.

여기까지는 괜찮았다. 문제는 이 보고서가 우수 보고서로 채택되어 임원분들이 내용을 알게 되었다는 것이었다. 갑자기 팀장이 알 선생을 회의실로 불렀고, 업무용 수첩을 내게 집어 던졌다. 어이가 없고 황당했지만 참았다. 심각한 분위기였다. 나중에 알고 보니 그간 왜 앵커리지를 구역별로 다르게 운영하지 않았냐며 상부에서 질책을 받았다고 했다. 이 사건을 계기로 알 선생은 사표를 냈다. 임원 중 한 분이 팀장을 밀어내라고 권유했지만, 당시만 해도 해양대학교 선배님을 하늘로 여기고 있었기에 차마 그럴 수 없었다. 내가 떠나는 것이 정답이었다.

알 선생이 외국계 은행 S사에서 A사로 이직했을 때, 소속 팀의 팀장은

A사에서 잘나가는 성골이었다. 여전히 언행에 크게 신경을 쓰지 않았던 알 선생은 여러 가지로 눈 밖에 났지만 그리 개의치 않았다. 예상대로 승승장구한 팀장은 A사의 고위 임원이 되었다. 하루는 부산의 한 호텔에서 진행하는 K사의 사업 설명회 도중 사외이사 한 분이 엉뚱한 이야기를 하기 시작했다. A사는 ○○으로 사업을 하기에 조달금리는 0%지만 해운사에서 4% 금리를 받기에 순이익이 4%라고 잘못된 정보를 공개석상에서 반복하여 언급한 것이다. 그러잖아도 A사의 선박금융 지원금리가 높다는 말도 안 되는 언론 기사로 스트레스를 받고 있었던 선박금융 담당 PM인 알 선생은 너무 화가 났다.

당시 A사의 USD 조달금리는 3%대였고, 순이익은 겨우 50bps 수준이었다. 참지 못한 알 선생은 자리에서 일어나 잘못된 내용이라고 반박했다. 그분은 자존심이 크게 상하셨는지 알 선생의 소속과 이름을 물어보았고, 이후 예상했던 대로 사내 고위직 분들에게 알 선생의 뒷말을 하고 다니셨다. 인품이 좋으셨던 사장님은 알 선생이 맞는 말을 했다며 그냥 넘어가셨지만, 문제는 고위 임원 그분이었다. 그분은 알 선생의 직속 부장님을 불러 "그놈은 예나 지금이나 여전하다."라면서 질책하셨다.

글은 순화해서 썼지만, 당시 알 선생의 회사 생활은 정말 고통스러웠다. 알 선생은 무엇이 문제인지를 알면서도 언행을 고치지 못해 매년 반복적으로 조직 생활에서 스트레스를 겪고 있다. 나 같은 사람도 아직 회사에서 버티고 있으니 다들 힘내기 바란다. 인생은 생각보다 짧고 시간은 빠르게 흐르며 윗사람들은 곧 퇴사하고 집에 간다는 것을 잊지 않았으면 좋겠다.

지금 알 선생이 근무하는 회사에는 C 부장님이 계신다. 선박금융 PM을 담당할 당시의 팀장님이다. 같이 근무해 보니 여러모로 성숙한 분이시며 조직 생활도 정말 잘하신다. 그분을 대할 때마다 알 선생은 미성숙한 자신의 언행에 답답함과 좌절을 느꼈다. 그렇다고 다시 태어날 수는 없는 노릇이니 이번 생은 그냥 망했다고 생각하고 스트레스를 받지 않고 사는 수밖에 없다고 생각하고 있다.

얼마 전 아파트 엘리베이터에서 초등학생 아들이 한 남성에게 마스크를 왜 안 썼냐고 따졌다. 키도 크고 체격도 좋았던 데다가 온몸에 형형색색의 용 문신을 두르고 있어서 알 선생은 급히 손으로 아들의 입을 막았다. 다행히 그 남자는 아들을 한 번 째려보기만 하고 헬스장이 있는 층에 내렸다. 집에 도착한 알 선생은 많은 생각을 했다. 어쩌면 앞으로 아들 녀석도 알 선생처럼 인생이 매우 힘들 수 있겠다는 생각을 했다. 아이들은 부모를 보며 자연스럽게 모든 것을 습득하는 것 같다. 못된 습관이나 성격, 기질은 부모 탓인 듯하다. 본인도 하지 못하는 것을 어떻게 자식에게 요구할 수 있을까?

20여 년간 회사를 다니면서 '어떻게 인간이 저럴 수 있을까?' 하는 상황도 제법 많이 경험했다. 자신의 이익과 목적을 위해 없는 말을 지어내기도 했고, 3명 이상 말을 맞추면 없던 사건이 실제 존재했던 상황으로 변하는 것도 직접 경험했다. 사실과 완전히 다른 거짓도 여러 사람이 입을 맞추면 진실인 것처럼 왜곡되고는 했다. 그래서 조직 생활은 어렵다. 좋은 사람, 성숙한 사람만 함께할 수 있다면 좋겠지만 절대 조직은 그런 상황을 우리에게 만들어 주지 않는다. 모든 사람의 상황이 이해되지 않는 것은 아니다. 생존과 성공을 위해 타인을 밟는 야만적인 행위를 하는 추악한 인간이 소수였으면 좋겠지만, 우리 주위에는 생각보다 그런 사람이 많다는 사실을 받아들여야 한다. 인간이기에 조직 생활은 어렵다. 당신만 힘든 것이 아니니, 조직 생활을 잘 버티기 바란다.

One of the biggest mistakes we make is assuming that other people think the way we think.

Whatever you do, good or bad, people will always have something negative to say about you and that's life!

11. 이익 공유제

광산 회사, 해운 회사, 자산운용사, 외국계 은행 등을 거쳐 공기업으로 온 나는 단언컨대 정년이 보장되는 공기업이 사기업보다 월등히 좋은 곳이라고 말한다. 사기업은 업무 성취감과 만족감이 높고, 일도 재미있어 여러 부분에서 만족도가 높다. 하지만 인생이 꼬이면 40대 중반부터는 집에서 놀아야 한다는 치명적인 단점이 있다. 아무리 일이 재미있고 배우는 것이 많더라도 집으로 가면 그동안 쌓은 모든 것이 물거품으로 변한다.

사기업을 다닐 때는 프로젝트를 성공한 뒤 얻을 수 있는 형용할 수 없는 성취감이나 높아지는 자존감을 느낄 수 있어 참 좋았다. 업무를 진행하면서 느끼는 지식의 부족함을 메우려 미친 듯이 공부하고 노력할 동력도 생겼다. 공기업은 사기업과 많은 부분이 다르다. 이 부분에 대해서는 할 말이 많지만 하지 않겠다. 유튜브 등을 보면 공기업을 오래 다니다 퇴사한 분들이 올려놓은 동영상이 많다. 이를 참고하기 바란다.

사기업이 번창하고 세금을 잘 내야 공무원과 공기업 종사자들이 월급을 받을 수 있고, 국가를 문제없이 운영할 수 있기에 사기업이 잘 돌아가야 한다. 우수한 인력도 사기업에 몰려야 한다. 젊은이들이 공무원과 공기업만 바라보는 요즘 우리나라는 '최대 위기에 직면한 게 아닌가?'란 생각이 든다. 알 선생은 공무원이나 공기업 직원의 월급보다 사기업에 다니는 사람들의 연봉이 더 높아야 한다고 생각한다. 과거처럼 사장이 많이 가져가면 안 되며, 이익 공유제가 도입되어야 한다고 생각한다.

사기업은 2세, 3세 오너리스크도 심각하게 존재한다. 젊은 CEO가 오너의 핏줄이라고 회사에 들어와 인사 전횡을 휘두르면 월급쟁이 인생은 하루아침에 모든 것이 끝난다. 명문 MBA를 나와 회사의 실적에 엄청난 기여를 하고, 뛰어난 능력과 실력을 갖췄던 선배들이 젊은 오너 3세가 들어와 제 사람을 채용하는 바람에 회사를 그만둔 사례도 여러 번 보았다. 이런 사례들을 보면 사기업에 들어가는 것이 무슨 비전과 미래가 있을까 싶다.

일반적으로 사업하는 사람들은 본인들이 만든 완벽한 착취 시스템을 자식들에게 넘기고 싶어 한다. 인간의 본성이고 자본주의의 속성이다. 문제는 일부 오너 2세, 3세가 인격적으로 결함이 있거나 자기 사람을 쓰고 싶어 한다는 것이다. 공직 세계와 공기업에는 이런 오너리스크가 없다. 1990년대생들이 가장 기본적으로 생각하는 건 '공정'이다. 현재 우리나라의 취업처로 가장 선호되는 곳이 공공기관과 공기업이다.

부에 관련된 책을 탐닉하다 보면 반복해서 나오는 내용이 있다. 책에서 부자들은 '착취 시스템'을 만들어야 한다고 끊임없이 주장했다. 그게 부의 비결이라고 했다. 도대체 '착취 시스템이란 무엇인가?'에 대해 심각하게 고민을 해 봤다.

회사를 다니면 임원들에게 자주 듣는 말이 있다. 회사원은 자기가 받는 월급의 최소한 3배는 회사에 벌어 주어야 월급 값을 한다는 말이다. 그래서 계산을 한번 해 보았다. 월급이 400만 원이라고 가정하고, 3배면 1,200만 원이 된다.

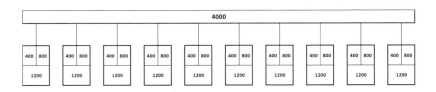

한 직원이 한 달에 1,200만 원을 벌면 그중 400만 원은 본인 월급으로 가져가고, 나머지 800만 원은 회사에 주는 것이다. 800만 원 중에 사무실 임대료와 각종 경비에 지출되는 비용이 400만 원이라고 가정하면, 사장이 한 직원에게서 가져가는 수익은 400만 원이 된다.

사장이 10명의 직원에게서 한 달에 400만 원씩 착취하면 사장은 한 달에 4,000만 원을 벌게 되고, 일 년이면 4억 8,000만 원을 착취하게 된다. 한 직원이 일 년 동안 고생을 해서 본인이 가져가는 돈은 4,800만 원이 된다. 사장은 10명의 직원을 고용하여 일 년에 4억 8,000만 원을 착취하는 시스템을 만들어 놓고 인생을 즐기면 된다.

알 선생은 런던대에서 함께 공부했던 선배 형이 간암에 걸리자 지금까지의 삶을 심각하게 돌아보며 고민한 적이 있다. 당시 알 선생은 다른 월급쟁이처럼 매우 고단하고 힘든 삶을 살고 있었다. 돈이 없어서 경기도에 소재한 월세 오피스텔에 산 터라 매일 3시간 이상을 길에서 출퇴근으로 허비했다. 퇴근 후에는 새벽 3~4시까지 갑들에게 영업했다. 갑 님들이 택시를 탄 뒤에야 집으로 돌아와 2~3시간만 자고 피곤한 몸을 이끌고 다시 출근했다.

출근하면 문의가 들어온 수십 개의 프로젝트 캐시 플로Cash Flow를 작성하고 분석했다. 쏟아지는 졸음은 믹스 커피를 계속 마시며 이겨냈다. 점심에는 몸이 짜고 단 것을 요구해서 짜장면, 찌개류 등을 자주 먹었다. 피곤하고 자는 시간도 부족해 운동은 사치였고, 몸은 계속 불어났다. 평소 입던 옷이 작아져서 철마다 더 큰 치수의 양복을 새로 사야 했다.

영업이 없는 날은 야근이 기본이었으며, 주말에는 회계와 세무 등 업무와 유관한 공부를 해야 했고, 밀린 일이 있으면 주말에도 회사에 나와 일을 했다. 그렇게 몇 년을 살았더니 몸에 탈이 났다. 싱가포르에 출장을 갔는데 설사가 멈추지 않았다. 장염인 줄 알고 병원에 가서 주사를 맞고 약을 먹었지만, 설사가 멈추지 않자 덜컥 겁이 났다.

같이 공부했던 선배 형이 간암에 걸린 뒤였기에 알 선생은 두려움에 휩싸였다. 동네에서 제법 큰 대장 전문 병원에서 대장 내시경 검사를 했다. 의사가 조금만 늦었으면 큰일 날 뻔했다며 선종 1개와 용종 3개를 제거했다고 알려 주었다. 암이 아니라 행복했고, 보험사에서 200만 원씩 보험금을 받아 좋아했던 기억이 난다.

LHS 팀장님과 둘이 미친 듯이 새벽까지 영업하고 노력해서 펀드를 만들었고 제법 많은 수익을 냈지만, 나에게 떨어진 인센티브와 연봉 합계는 3,500만 원 수준에 불과했다. 사장이 가져가는 3~4억 원과는 큰 차이가 있었다. 비참했고 미래가 보이지 않았다. 오피스텔 월세와 관리비, 각종 경조사비와 품위유지비 지출을 제외하면, 아끼고 모아도 1년에 천만 원을 모으기가 어려웠다. 더는 열정 페이를 하고 싶지 않아 알 선생은 퇴사를 결심했다.

퇴사한다고 해서 착취 시스템에서 벗어날 수는 없었다. 외국계 은행에 들어가서 깨달은 점은 어디나 착취 시스템이 존재한다는 것이다. 자산운용사든 증권사든 팀 또는 본부를 운영하는 팀장 또는 본부장이 있었고, 팀장과 본부장이 모든 걸 통제했다. 그들은 채용, 승진, 연봉과 인센티브 분배에 관한 권한이 있었다. 자신보다 두 단계 밑의 직원에게는 관대했지만, 바로 밑은 철저하게 견제했다. 먹고 먹히는 정글이었다.

팀장이 회사를 그만두거나 교통사고로 죽는다고 해도 아래 직원이 팀장이 된다는 보장은 없다. 본부장은 또 다른 자기 사람을 팀장으로 데려오기도 한다. 하이어라키Hierarchy의 정점에 있는 그들은 자신의 실적을 채워 주고 믿을 수 있는 충성스러운 개를 원했다. 그들도 그 자리까지 아주 힘들고 어렵게 올라갔고, 책임져야 할 처자식이 있으니 독하게 그 자리를 지켜야 한다. 그렇기에 절대 그 자리에서 쉽게 내려오지 않는다. 하이어라키 시스템을 이해하자 알 선생은 숨이 턱턱 막혔다. 이 시장을 떠나든지 아니면 철저하게 복종하여 누군가의 개가 되는 길을 택해야 했다. 고민 끝에 알 선생은 그 구조에서 빠져나오기로 했다.

정도의 차이는 있지만 해운 회사도 별반 차이는 없다. 해기사 출신이 병역특례 후 대형 해운 회사에 입사하는 순간부터 끊임없이 경쟁해야 한다. 해사부가 아닌 기획이나 영업팀에 들어가면 서울 명문대 출신들과 경쟁해야 한다. 실력과 능력에 더하여 보이지 않는 학연과도 싸워야 한다. 항해학과 기관학이 무기인 해기사 출신들은 영어, 경제학, 경영학, 인간관계와 정치력까지 모든 능력을 키워야 한다. 그렇게 서울에서 미친 듯이 일해 봐야 1년에 천만 원 모으기도 힘들다. 30대 초반에 하이어라키 정점에 갈 수 있고, 년 1억 원 이상 모을 수 있는 자리를 왜 박차고, 답도 안 나오는 정글로 들어가려 하는가? 정신 차리자, 해기사들이여!

이 책을 읽는다면 해기사 후배들은 절대 알 선생같이 어리석게 착취 시스템으로 들어가지 않기를 바란다. 착취 시스템을 벗어나는 자세한 방법은 뒤편에 있는 '선주Shipowner가 되는 길'을 참조하기 바란다.

그리스 선원들은 오래전에 깨우쳤다. 어리석게 착취 시스템에 들어가지 않고 스스로 선주가 되어 시장에서 상대방을 이기는 방법을 말이다. 늦었지만 우리도 이제는 시작해야 한다. 이게 진정한 토니지 프로바이더

Tonnage Provider이자 선주 사업이다. 착취 시스템에서 벗어난 이익 공유제가 기반이 된 선주 사업이야말로 최고의 모델이다. 정부는 여기를 지원해야 지원금을 최소화할 수 있고, 리스크가 최소화된 사업을 지원하는 성공적인 정책을 펼칠 수 있다. 이러한 정부의 지원을 통해 해운업과 선박금융업을 적은 예산으로 활성화할 수 있다. 이로써 대한민국은 해운과 선박금융 강국이 되고 해운업 종사자들은 부자가 되는 즉, 모두가 상생하는 환경을 갖춘 나라가 되는 것이다. 한 기업에 몰아 주는 지원이 아닌 진정한 한국형 선주 모델에 지원하는 것이야말로 가장 민주적이고 아름다운 지원이 될 것이다.

조그마한 것이라도 자기 것을 하는 게 제일 좋은데 그것이 쉽지 않다. 자기 사업을 좋아하는 일로 할 수 있다면 얼마나 행복하겠는가? 알 선생의 스승인 이기환 교수님은 콜럼버스 이야기를 자주 하신다. 이사벨 여왕을 찾아가 자본을 얻고 신대륙을 발견한 콜럼버스의 성공 스토리를 생각해 보면, 뜻이 맞는 사람들끼리 힘을 합쳐 소규모 해운 회사를 운영해 보는 것이 좋은 방법이 되지 않을까 생각한다. 벤처 캐피털 회사가 투자금을 들고 찾아오는 그런 해운 회사를 만들어 IPO상장에 성공한다면 얼마나 행복하겠는가?

12.　　　　　　　　　　　　선주(Shipowner)가 되는 길

알 선생은 흙수저보다도 못한, 시궁창 같은 집안에서 태어났다. 그 환경에서 벗어나기 위해 한국해양대학교 입학을 선택했고 그것은 결국 신의 한 수가 되었다. 굶기를 밥 먹듯 했던 어린 시절 때문에 알 선생은 부자가 되고 싶었다. 해양대학교 재학 시절, 오래된 잡지 구석에 실린 오나시스 전기를 보며 선주를 꿈꾸게 되었다.

영국에서 일하면 선주가 되는 길이 보일 것이라는 막연한 생각으로 영국에 갔다. 알 선생은 당시 요즘 유행하는 파이어족을 꿈꾸고 있었다. 40세 이전에 은퇴해서 크루즈를 타고 세계 일주를 하고 싶었다. 부자가 되려면 절대 승선하면 안 된다고 생각했다. 하지만 시간이 지나고 보니 흙수저 출신이 성공할 수 있는 가장 현실적인 방법은 장기 승선이었다. 그 쉬운 길을 두고 몸을 버려 가며 다른 사람들이 만들어 놓은 착취 시스템 아래서 시간, 돈, 열정을 허비했다. 얼마 전에는 같은 반 동기 두 명이 도선사가 되었다. 알 선생은 그들이 너무 부러웠다.

20대 시절에는 용선을 배워 용선 전문가가 되어야 선주가 될 수 있다고 해서 그것만이 정답인 줄 알았다. 그래서 용선을 하는 해양대학교 선배님께 조언을 구했다. 그러나 선배님께서는 선주가 되려면 선박금융을 해야 하며, 용선으로는 어렵다고 말씀하셨다. 혼란스러웠지만 선배님의 자세한 설명에 그것이 정답이라고 생각했다. 선박금융을 배우려면 런던 CASS Business School의 선박금융학과에 입학하는 것이 좋은 방법이라는 말을 듣고 어렵게 입학했다.

항해학을 전공한 알 선생에게 CASS 과정은 지옥이었다. 알아들을 수 있는 것이 하나도 없었다. 당시에는 인터넷도 활성화되지 않아 관련 자료를 구하기도 어려웠고, 선배들이 만들어 둔 족보도 없었다. 계량경제학, 회계, 금융과 같은 과목은 학부 시절 배운 적이 없었다. 우여곡절 끝에 졸업은 했지만, CASS에서 가르쳐 준 내용의 5%도 제대로 습득하지 못한 채 졸업한 것 같다. 지금 생각하면 정말 좋은 과정이었지만 익힌 것이 적어 많은 아쉬움이 남는다.

광산, 해운, 선박금융 등 회사에서 일하다 보니 선배들의 말이 다 옳았다. 선주가 되려면 용선과 선박금융, 선박관리 등에 지식을 갖고 있어야 했다. 하지만 그중에서도 가장 중요한 것은 자본이었다. 여러 길을 돌고 돌아서야 선주가 되겠다는 강한 의지와 자본력이 중요하다는 것을 깨달았다.

여러 중소 규모의 해운 기업과 선박금융 업무를 하고 해운사에 근무하다 보니, 해양대학교 출신의 CEO는 승선 근무와 해운사 실무 경험이 있어 선박관리와 용선 영역에서는 전문가가 되어 있었다. 다만 회계, 세무, 재무와 외국환 거래 규정 등에는 무지했다.

알 선생이 수많은 선박투자나 선박 확보 사례를 접하면서 내린 결론은 해양대나 연수원을 졸업하고 간절히 원한다면 누구나 선주가 될 수 있다는 것이다. 선주가 되는 데에 가장 좋은 조건을 가진 사람은 해기사인데, 정작 해기사들은 이 말의 진정한 의미를 모를 것이다. 왜 해기사들이 통닭집, 식당, 노래방, 피시방 등 자영업을 하면서 배에서 모은 돈을 쏟아붓는지 모르겠다. 리스크가 적고 성공 가능성이 큰 '선주'라는 길이 있는데 말이다. 우리에게는 선박이라는 좋은 투자처가 있다.

우리나라 해운 기업을 보면 거의 90%의 레버리지가 일어나는 것이 일반적이다. 앞에서도 설명했듯 레버리지가 90%까지 올라가면 변동 폭이 큰 해운 시장의 불황기에 살아남기 어렵고, CAPEX가 높아 좋은 용선처를 구하기 어렵다. 하지만 50~60%의 레버리지를 유지한다면 CAPEX가 낮아져 좋은 용선처를 구할 수 있을 뿐 아니라 불황도 잘 견딜 수 있다.

중요한 것은 낮은 LTV 선박금융을 이용해 선박을 확보하고 A급 해운 기업에 선박을 대선하는 것이다. 해운 시장에는 S&P와 TC 브로커가 넘쳐난다. 좋은 선박과 TC 용선처는 얼마든지 구할 수 있으며 선박금융 전문가도 많다. 만약 선박금융 확보가 어렵다면 알 선생에게 연락하기 바란다. 주위의 선박금융 프로들을 소개해 줄 것이며, 선박금융 확보에 도움을 줄 것이다.

뜻이 맞는 동기나 선후배를 모아 인당 5억 원 이상을 모으는 것이 좋은데, 졸업 후 30대 초반까지 승선한다면 그 정도 금액은 충분히 모을 수 있다. 일반 대학교를 나와 취업한 사람은 정년까지 안 쓰고 최대한 아껴 모아도 그 금액을 확보하기 어렵다. 해양대학교 출신이라면 그 어려운 것을 크게 힘들이지 않고 할 수 있다. 그렇게 모은 돈으로 해운 시장 불황기에 적절한 선박을 선택해 50~60%의 차입으로 매입하고 TC를 주면 된다. 그리고 그 선박에 승선하면 OPEX를 낮추고 수익을 극대화할 수 있다. 만약 진정으로 성공한 선주가 되고 싶다면 벌어들인 수익으로 선령을 한 살씩 낮추면 된다. 그렇게 본인만의 착취 시스템을 구축하고 자식에게 넘겨주면 된다.

수익 구조는 단순하다. 승선하면서 항해사나 기관사로 월급을 받고 TC 수익을 내는 것이다. 선박금융의 원금은 계속 상환할 것이기에 TC 수익도 늘어날 것이며, 결국 대출 잔액이 없는 선박 한 척이 남게 된다. 그러면 그 선박을 처분해 수익을 배분하면 된다. 그 사이 선가가 상승하면 추가 수익을 낼 수도 있다. 타인이 만든 착취 구조로 들어가든 본인의 사업을 하든 결정은 본인의 몫이다. 다르게 살고 싶다면 다른 선택을 해야 한다. 그것이 인생이다.

얼마 전 C사는 900만 달러에 컨테이너 선박을 매입했고, 3개월 후 2,500만 달러에 처분했다. 900만 달러의 40%면 360만 달러고, 8명의 해기사가 공동투자했다면 1인당 투자금액은 5억 원 정도가 된다. 당신이 여기에 참여했다면 3개월 만에 20억 원을 번 것이다. 이는 단순 매매 차익을 말하는 것으로, 승선 월급과 TC 수익은 별도로 산정된다.

자영업보다 훨씬 낫지 않겠는가? 해양대학교 출신은 선박에 투자해야 한다. 작은 것이라도 자기 사업을 하는 것이 좋은데, 자신이 잘 알고 좋아하는 일을 할 수 있다면 매우 행복할 것이다. 30대에 선박투자로 승부를 보고 40대에는 파이어족이 되어 인생을 즐기는 것이다. *Everything in your life is a reflection of a choice you have made. If you want a different result, make a different choice.*

항해사는 기관사와 친해야 하고 기관사는 항해사와 각별해야 한다. 승선 생활을 하면서 좋은 투자 파트너를 찾아야 한다. 다시 말하지만, 자본만 있다면 선주에 가장 적합한 사람은 해기사이다. 그러나, 우리는 인간이기에 목적을 달성했다면 빨리 헤어져야 한다. 처음에는 자본이 부족하기에 서로에게 투자 파트너가 되어야 하지만 목표했던 투자 수익을 얻었다면 실망하기 전에 반드시 헤어져야 한다. 잊지 말자! 우리는 인간이다!

선주가 되기 위해 필요한 것은 자본, 선주가 되겠다는 간절한 열망, 목표한 선형의 지속된 불황, 낮은 LTV 레버리지, 투자한 선박의 승선이라고 알 선생은 생각한다.

We can be a shipowner!

마치며

　행동재무학자인 알 선생은 "금융은 사람이다!"라는 말을 자주 하는데, 이는 경험에서 우러난 말이다. 선박펀드를 조성하다 보면 이 말이 더욱 와닿는다. 거래 상대가 누군지에 따라 될 프로젝트가 성사되지 않기도 하고, 불가능할 것으로 예상한 프로젝트가 성사되기도 한다. 같은 해운사, 금융기관과 일을 하더라도 담당자가 누군지에 따라 프로젝트의 성사가 갈린다. 선박펀드를 조성하면서 가장 편하고 스트레스가 적은 것은 거래 상대가 전문가일 때다. 은행이나 해운사 담당자, 변호사 등이 선박금융을 잘 알고 있다면 선박펀드 조성은 쉽고 편하게 이루어진다. 선박금융을 안전하고 편하게 조달하고 싶다면 기관보다는 담당자에 초점을 맞추는 것이 좋다. 담당자의 전문성에 따라 일의 난이도도 달라진다.

　승선하다 보면 사람이 배를 떠나는 주된 원인은 사람이다. 선박을 관리하는 회사의 인사 담당자는 원칙과 기준을 잘 지키고 이행해야 한다. 인사청탁과 같은 이유로 무능하거나 인성, 태도에 문제가 있는 사람을 승선시키면 선박은 초토화되고 심각한 사고가 발생할 수 있다. 이는 많은 인재를 놓치는 실수이기도 하며 그와 동시에 해상 근무에 부정적인 인식을 심는 결과를 낳기도 한다. 결국, 그런 작은 것들이 모여 국가적 손실로 이어진다. 물론 상부의 부당한 지시로 인해 인사 담당자가 원칙과 소신을 지키기 어려울 수 있다. 하지만 그런 사람 때문에 승선을 포기하는 후배가 많이 발생할 수 있다는 점을 유념해야 한다. 후배들을 위해 소신과 원칙을 지켜 주기 바란다.

여러 회사와 조직에 몸담는 동안 깨친 것은 결국 사람이 중요하다는 점이다. 사람 때문에 사표를 쓰고, 사람 때문에 성의 없이 소극적으로 일하기도 하고, 사람 때문에 회사에 해가 될 수 있는 행동을 하고, 이익을 걷어차기도 한다. 반대로 사람으로 인해 회사를 위해 열정적으로 일하고, 회사에 남기도 하며, 이익을 극대화하기 위해 최선을 다하는 경우도 있다. 결국, 중요한 것은 사람이다.

많은 책을 읽다 보니 인간관계 때문에 힘들어하는 사람들이 많다는 것을 알 수 있었다. 알 선생만 안고 있는 고민이 아니라는 데에서 큰 위안을 얻었다. 그리고 좋지 않은 상황에 노출되어 어려움을 겪지만, 그 원인이 본인에게 있음을 모르는 경우가 있음도 확인했다. 안 좋은 상황이 계속 반복되는 것은 타인이 아니라 자신에게 문제가 있기 때문임에도 불구하고 이를 인지하지 못하고 남이나 환경을 탓한다. 어린 시절 놓였던 환경을 바탕으로 본인의 언행, 성격, 기질, 가치관 등이 형성되었고 그로 인해 같은 선택을 하고 비슷한 결과와 상황이 반복됨을 우리는 인지해야 한다. 옳고 그름이 아니라 다름을 말하는 것이고, 원인을 알아야 해결책도 마련할 수 있음을 말하는 것이다. 상황을 바꾸고 싶다면 자신을 바꿔야 하며 다른 선택을 해야 한다. 하지만 쉽지 않을 것이다. 인생에 정답은 없고 선택만이 존재하기 때문이다. 알 선생은 남들과 다른 선택으

로 해양대학교에 입학했는데 요즘 남들과 같은 선택을 하고 있다
는 점을 후회한다. 해양대학교 후배들은 다른 선택으로 다른 삶을
살기 바란다.

알 선생은 생산성을 최대화하기 위해서는 자기 열정과 욕망을
극대화해야 한다고 생각한다. 본인의 사업을 하거나 본인이 근무
하는 회사의 주식을 갖고 일한다면 분명 주인의식과 업무 생산성
은 달라질 것이다. CEO가 이익 공유와 수익 분배에 신경 쓴다면 회
사의 시장 경쟁력은 우월해질 것이며 경쟁에서도 우위를 점할 수
있다. 부를 소수가 독점하는 것이 아니라 모든 구성원이 행복할 수
있는 그런 해운 기업이 우리나라에 많이 생겼으면 좋겠다.

알 선생은 이 책의 집필을 급히 서둘렀다. 나이가 들수록 느끼고
생각했던 내용을 글로 적는 데 망설이는 모습을 발견했기 때문이
다. 이렇게 시간이 흐르면 나중에는 냉정한 시각보다는 미사여구
만 가득한 그저 그런 책을 집필할 것 같아 서둘러 이 책을 세상에
내놓는다.

그동안 알 선생이 살아오는 데에 많은 도움을 주신 가족, 친지, 동
기를 비롯해 스승님, 선후배님, 회사 동료들에게 이 책을 빌려 감사
의 인사를 전한다.

참고문헌

- 클락슨
  https://sin.clarksons.net/

- 연합인포맥스
  https://news.einfomax.co.kr/

- Shipping and Freight Resource
  https://www.shippingandfreightresource.com/

- FRED
  https://fred.stlouisfed.org/

- 블룸버그
  https://www.bloomberg.co.kr/

- 전자공시시스템(DART)
  http://dart.fss.or.kr/

- Marine Money
  https://www.marinemoney.com/

행동재무학자 알 선생이 들려주는 선박금융 이야기

1판 1쇄 발행 2021년 7월 12일
1판 2쇄 발행 2021년 8월 10일

지은이 김우석

교정 윤혜원
편집 홍새솔

펴낸곳 하움출판사
펴낸이 문현광

주소 전라북도 군산시 수송로 315 하움출판사
이메일 haum1000@naver.com   홈페이지 haum.kr

ISBN 979-11-6440-798-9 (03320)

좋은 책을 만들겠습니다.
하움출판사는 독자 여러분의 의견에 항상 귀 기울이고 있습니다.